DIFE
RΞN
CIE-SE

CIP-BRASIL. CATALOGAÇÃO NA PUBLICAÇÃO
SINDICATO NACIONAL DOS EDITORES DE LIVROS, RJ

C321d   Carvalho, Beto
          Diferencie-se : a diferenciação pessoal é a essência; a valorização profissional, a consequência / Beto Carvalho. – 2. ed. – Porto Alegre [RS] : AGE, 2025.
          143 p. ; 16x23 cm.

          ISBN 978-65-5863-199-6
          ISBN E-BOOK 978-65-5863-200-9

          1. Autorrealização. 2. Motivação (Psicologia). 3. Autoestima. 4. Técnicas de autoajuda. I. Título.

          23-83954   CDD: 158.1
                                    CDU: 159.947.5

Meri Gleice Rodrigues de Souza – Bibliotecária – CRB-7/6439

Beto Carvalho
Carlos Alberto Carvalho Filho

DIFERENCIE-SE

A diferenciação pessoal é a essência; **a valorização profissional**, a consequência.

2.ª edição

PORTO ALEGRE, 2025

© Carlos Alberto Carvalho Filho, 2023

Capa e ilustrações:
Desirée Oliveira

Diagramação:
Nathalia Real

Supervisão editorial:
Paulo Flávio Ledur

Editoração eletrônica:
Ledur Serviços Editoriais Ltda.

Reservados todos os direitos de publicação à
LEDUR SERVIÇOS EDITORIAIS LTDA.
editoraage@editoraage.com.br
Rua Valparaíso, 285 – Bairro Jardim Botânico
90690-300 – Porto Alegre, RS, Brasil
Fone: (51) 3223-9385 | Whats: (51) 99151-0311
vendas@editoraage.com.br
www.editoraage.com.br

Impresso no Brasil / Printed in Brazil

DEDICATÓRIA

Depois de uma década sem produzir conteúdo editorial, escolhi o ano de 2023 para o início de um novo ciclo. Em 2010, quando escrevi o *Você é o Cara*, já ensaiava afirmar que deixaria a vida executiva para me dedicar a atividades de mentoria, consultor e produtor de conteúdo, nas áreas de marketing, vendas, desenvolvimento pessoal e fortalecimento de desempenhos profissionais.

Porém, em 2013, atendendo a um convite do meu clube do coração, assumi a direção executiva de marketing do Grêmio Foot-Ball Porto Alegrense. E o que era para ser um par de anos transformou-se em dez. Ao longo desse tempo, inúmeras alegrias, premiações, conquistas e, evidentemente, alguns dissabores oriundos do insucesso desportivo, nada imprevisível para quem conhece ou vive a passionalidade permanente no ambiente do futebol.

Assim, entendendo que a nossa vida é feita de ciclos, comecei a projetar a minha despedida da vida executiva ainda em 2021. Amadureci a ideia no transcurso de 2022, para, finalmente, tomar a decisão no início deste ano.

Hoje, dedico meu tempo laboral a mentoria profissional, consultoria e conselho empresarial, cursos e palestras. Além disso, comecei a produzir conteúdos, escritos e em vídeo, capilarizando-os nos meus canais digitais, jogando sementes inspiracionais para melhorias de desempenhos profissionais. Um novo ciclo, um novo momento, um novo descortino de horizontes, um novo desafio pessoal, uma nova semente de vida.

E por falar em semente, dedico este livro para uma linda semente que, plantada no meu coração há quatro anos, faz germinar em mim os mais genuínos sentimentos de carinho, de afeto, de amor.

Este livro dedico ao meu netinho João Pedro, o nosso querido JP. O seu sorriso permanente, a sua amorosidade e alegria contagiantes energizam a minha mente e inspiram o meu coração.

Este livro é pra ti, JP. Vovô Betinho te ama.

APRESENTAÇÃO

Raul Costa Jr.
Jornalista e empresário da comunicação

Nossa geração teve oportunidades únicas na história. Costumo dizer que nunca imaginei viver a queda do muro de Berlim, o fim do comunismo, a quebra da GM e do Citibank. Ainda vimos o fim do Netscape, do Orkut e do Yahoo. É muito para uma geração, uma geração já tão privilegiada pela transformação digital, pela consolidação da aldeia global.

As maravilhas da Internet e das redes sociais, e a mobilidade do consumo da informação reduziram o nosso mundo ao tamanho da nossa rua. Temos acesso a tudo e a todos, *on-line*, ao vivo, em cores, como quisermos. Nada é impossível para este incrível mundo ao alcance das nossas mãos (e dos nossos sonhos). Meus filhos estudam em outra cidade e parece que ainda estão em casa, tamanha a facilidade de conversar, de se ver. Só ainda não percebemos cheiros. Ainda. Ainda.

Mas este mundo trouxe também uma pasteurização assustadora. Steve Jobs usa camiseta preta, em minutos milhares passam a usar. Gates usa óculos à moda antiga, em minutos viram moda. Zuckerberg tem uma ideia, em minutos já virou *commoditty*. E assim vamos andando de moda em moda, de mania em mania, e cada vez menos individualidade.

Como sociedade, avançamos na arte de comunicar, evoluímos na individualidade, e é na individualidade que está a força desta sociedade que estamos construindo. A força da inovação, a força de evoluir, a força do cidadão, do indivíduo. O liberalismo venceu a batalha pela força dos agentes econômicos, pela força da liberdade, mas, principalmente, por acreditar na força do indivíduo frente à massificação do estado.

Sem democracia nada faria sentido, nem Internet (que não existe fora da democracia), nem qualquer transformação. Só a democracia leva ao avanço. Onde o estado cresce muito, a liberdade sofre, o cidadão diminui. Não é à toa que somente sociedades democráticas evoluem tanto na ciência quanto nas relações sociais, e democracia só existe com economia de mercado, onde cada um de nós empreende e inova, ajudando na evolução.

Todo avanço da ciência é, em essência, neutro. Uma câmera, um celular não são agentes de transformação. Os homens é que são agentes ao manipular esses instrumentos. A habilidade de fazer é o que contará no futuro. Não serão cargos ou estruturas empresariais que terão valor. Será a habilidade de cada um, a capacidade de cada um ser diferente no que faz de melhor. Hoje é a habilidade que define melhor. E num mundo como este, diferenciar é chave, é se vender fora do cardume, ser mais do que um prego na construção.

O que o Beto escreve é muito interessante e encantador. **Diferencie-se** é um livro que mostra o quanto precisamos acreditar em nós mesmos, o quanto cada um precisa encontrar o seu caminho, o que só nós temos como valor, como contribuição. Por menos que possamos acreditar que é, onde estamos no mundo é onde vamos acrescentar.

Beto começa com o sequestro que o fez mudar de vida. O meu *diferencie-se* foi uma longa jornada de mochileiro pelo mundo, mas o seu *diferencie-se* pode ser um momento, um livro (como este) ou um fato, um amor perdido ou encontrado, mas tem que ser seu, tem que ser diferente.

Leia, inspire-se e aproveite o texto saboroso e fácil (bem de jornalista, apesar de o Beto ser engenheiro), muito coerente com a vida do Beto. Gremista como eu, temos muitas afinidades (frequentamos turmas parecidas, somos porto-alegrenses), mas o principal é que acreditamos em um valor fundamental na carreira: o diferencial.

O fato de este livro estar escrito em linguagem muito fácil mostra como o Beto leva a sério o **DIFERENCIE-SE**. Geralmente livros assim são teses, dados, gráficos, chatices mil, pouco acessíveis ao grande público. A linguagem que o Beto usa já é uma diferenciação (desculpe o trocadilho) e mostra o espaço que ele ocupa no mercado: levar as técnicas de vendas e de marketing ao grande público e a profissionais de forma leve e fácil. Sinceramente, não tenho mais paciência e tempo para teses. Gosto é do prático.

O livro do Beto é objetivo, leve, saudável e fácil de ler e reler. Aproveite cada linha, seja você o que for. O importante é a capacidade do texto de inspirar e fazer entender que as descobertas do que importa realmente podem estar em detalhes, em pequenas ações e em muita vontade de se diferenciar. Aproveite e boa leitura.

SUMÁRIO

Mensagem inicial \\ 17

Único, inimitável, diferenciado \\ 21

A fatalidade do acaso \\ 25

O caso do acaso \\ 29

A oportunidade alimentada pela dificuldade \\ 33

Do limão à limonada \\ 37

Desafios diários, conquistas permanentes \\ 43

A criação do personagem \\ 47

Autogestão emocional \\ 51

Exercendo a autogestão emocional \\ 61

Detalhe fazendo a diferença \\ 65

Dinâmica da diferenciação pessoal \\ 67

Definindo o ponto forte \\ 71

Descobrindo nossos talentos \\ 83

Lapidando talentos, construindo pontos fortes \\ 91

Fazendo da diferenciação a grandeza pessoal \\ 97

Conexões reflexivas à construção da grandeza pessoal \\ 107

Marca pessoal: a sublimação da diferenciação em grandeza pessoal \\ 115

Mensagem final \\ 133

Referências \\ 141

SOU GAGO...

TENHO VERGONHA...

POR ISSO, EVITO FALAR.

MENSAGEM INICIAL

Por muito tempo, as mensagens aqui expressas nas páginas anteriores traduziam também o meu sentimento. Acometido de uma gagueira severa, decorrente, talvez, de herança genética e, provavelmente, potencializada por um trauma profundo, fruto de um sequestro aos cinco anos de idade, tive uma infância, uma adolescência e os primeiros passos na idade adulta marcados por sentimentos de retração social, timidez verbal e receio de rótulos e julgamentos. Isso, inclusive, levou-me a fazer uma faculdade para a qual não tinha a menor vocação, mas imaginava, nela, pouco me utilizar da fala como instrumento relevante no desempenho das minhas atividades.

Assim, cursei Engenharia Civil, formando-me aos 22 anos. E esse ato, o da formatura, talvez possa ser também entendido como o meu novo nascimento. Ou melhor, o meu renascimento. Diplomado, gago, engenheiro, resolvi dar uma guinada na vida e enfrentar, efetivamente, a gagueira. Abandonei a engenharia e me alcei, pasmem, na atividade de vendas. Isso mesmo: gago, engenheiro, resolvi me transformar em vendedor profissional.

No fundo, pensava escolher a atividade como modo de encarar de frente o dito problema e exorcizar de vez os receios relacionais, o medo às rejeições, os preconceitos, a timidez verbal e, até mesmo, certa insegurança social. Mal sabia eu que a escolha por solução se tornaria a escolha da vocação. A minha sorte é que nunca me faltou algo que julgo fundamental à superação pessoal: a autoestima. O gostar-se, o amar-se, o acreditar em si.

Submersa naquele cipoal de sentimentos menores, minha autoestima, intimamente, me impulsionava para frente. Foi ela que suportou, resiliente, o *bullying d*e anos, que me soerguia a cada dia e que, lá no fundo, me fazia sempre acreditar que seria possível fazer vingar a minha vocação pelas ciências humanas e, verdadeiramente, ser feliz fazendo o que gostava: lidar com pessoas, lidar com gente.

E, assim, minha trilha profissional desencadeou, leve e fluida, em uma única direção: a da felicidade. Vendedor, Gerente de Vendas, Diretor de Marketing, Professor, Escritor, Consultor, ... Palestrante. Incrível, o gago virou palestrante! Aquele que antes tinha vergonha e evitava se expor verbalmente, passou a percorrer empresas e eventos falando, e mais: sendo por estes pago para o ouvirem falar.

Esta mensagem inicial é destinada a todos os que buscam na vida um viés condutor à diferenciação pessoal e, especialmente, para aqueles que convivem com anomalias pessoais, inseguranças comportamentais ou qualquer outra incidência que reduza a autoestima e iniba a fluência dos seus talentos.

Um livro-mentoria – ou *mentoring book* – como mercadologicamente defino. Um conteúdo para ser lido, refletido e, sobretudo, observando na prática a plenitude dos seus conceitos. Um livro para quem busca conhecimento e inspiração para iluminar o caminho à diferenciação pessoal.

Assim, boa leitura. Vá em frente e faça brilhar a sua diferença.

ÚNICO, INIMITÁVEL, DIFERENCIADO

Confesso que sinto até emoção ao começar este *mentorig book*. No fundo, há muito tempo deveria ter feito este conteúdo. Penso que desde 2005, quando passei a inserir as palestras no meu contexto de atividades profissionais. De lá pra cá, já foram mais de 500 palestras ministradas para públicos diversos. Sempre tive, sem demagogia, certa dívida moral com a minha gagueira. Ela me proporcionou tanto, me ajudou tanto, me propiciou tanto, que, sinceramente, sinto a necessidade de retribuir à gagueira tudo de bom que ela me deu.

Estranho este começo de exposição, não? Pode ser, mas é real. Hoje, olhando a vida pelo retrovisor, percebo o quanto o "ser gago" me impulsionou na vida, favorecendo-me na busca da diferenciação pessoal. Descobri atributos pessoais que, mais do que desconhecer, sequer imaginava existirem em mim de forma tão acentuada. Resiliência, energia, superação e uma permanente vontade compulsiva de vencer. Tudo em mim desabrochando, e eu, dia a dia, entendendo o real significado de uma frase proferida por Albert Einstein: "Há uma força motriz mais poderosa que o vapor, que a eletricidade ou que a energia atômica: a força da vontade".

Assim, com muita satisfação desenvolvi o conteúdo deste *mentoring book* para você. Espero que desfrute dos conceitos, exemplos e histórias que aqui serão expostos e, especialmente, ao final, sinta que é possível fazer da sua marca pessoal algo único, inimitável e diferenciado.

Então, vamos lá?

A FATALIDADE DO ACASO

Bem, ao iniciar uma palestra, sempre levo comigo um ensinamento extraído dos principais oradores americanos: tenha sempre um *hook* – em português um *gancho* – para iniciar a exposição. Algo como uma história, uma metáfora ou mesmo uma citação, que seja forte o suficiente para atrair a atenção da assistência e possa ter nexo com o contexto da exposição que lhe sucederá. O *hook*, em si, nada mais é do que o gancho para desencadear o atual *storytelling*, ou seja, a técnica de contar, desenvolver ou adaptar histórias atrelando o seu conteúdo ao contexto expositivo.

E neste *mentoring book*, não será diferente. Antes de começar a discorrer sobre o conteúdo aqui contido, quero contar uma história. O personagem da história sou eu mesmo. Talvez, você, que me assiste neste momento, possa estar conversando intimamente com a sua voz interior e murmurando:

- O que este cara está pensando? Diz que toda palestra deve ter um gancho impactante e apresenta, como exemplo, uma história pessoal? Este protagonismo, no mínimo, deve ser leonino.

Poxa, em parte você acertou! Sou leonino, nascido em 27 de julho, madrugada fria de uma quinta-feira, em Porto Alegre, no Rio Grande do Sul. Porém, embora leonino, honestamente, não insiro a minha história por vaidade pessoal, e sim como forma de mostrar que, muitas vezes, diferenciações podem ser originadas na observação não convencional de detalhes situacionais que fazem parte da nossa vida.

Vamos a ela. Eu tinha cinco anos de idade. Era em uma noite úmida de agosto, típica do inverno gaúcho, e chegava em casa no automóvel dirigido por meu pai. Sonolento pelo adiantado da hora, sentado no banco traseiro, eu o acompanhava manobrar o veículo à entrada da garagem. Naquela época, não havia porteiro eletrônico ou, se havia, era privilégio de famílias mais abastadas. Como éramos uma clássica família de classe média, havia conforto, mas não havia luxo. E, pasmem os mais jovens, porteiro eletrônico, um dia, já foi evidente sinal exterior de riqueza.

A falta de porteiro eletrônico determinava, diariamente, ao meu pai parar o carro, deixá-lo ligado para não perder tempo, abrir a porta do carro, descer, ir ao encontro do portão e manuseá-lo sobre trilhos integrados onde roldanas de aço escorregavam ruidosamente até a abertura total. Assim, portão aberto, o professor Carlos Alberto – meu pai foi professor de Jornalismo nas principais universidades gaúchas por mais de 40 anos – voltava ao veículo, fechava a porta e, lenta e cuidadosamente, introduzia-o entre as estreitas paredes de concreto da garagem da casa. Naquela noite, a rotina não foi diferente, exceção feita a um fato que marcou definitivamente minha vida.

Sentado na parte de trás, espremido e apoiado entre os bancos dianteiros, fiquei no carro, aguardando o meu pai cumprir o ritual de abertura do portão, quando, surpreendentemente, adentra o *fusca* verde-água uma figura que nunca mais saiu da minha memória: com gorro de lã listrado, casaco de couro e cachecol, senta-se ao volante, fecha a porta, dá marcha à ré, arranca o veículo bruscamente e, com voz baritonal, em meio a um forte hálito de cachaça sem limão, exclama: *Fica quieto aí, guri!*

E foi acelerando o carro comigo dentro. Assim, sem que fosse aquele o objetivo, talvez eu tenha sido protagonista do primeiro caso de sequestro-relâmpago no Rio Grande do Sul.

O CASO
DO ACASO

Bem, não inseri essa história para falar do meu sequestro. Graças a Deus o desfecho foi positivo e eu estou aqui, são e salvo, fazendo este *mentoring book*. Eu trouxe este *hook* para falar de uma consequência advinda, provavelmente, desse episódio. Ocorre que, até aquele dia, eu era uma criança extrovertida, positiva e com ampla fluência verbal. Passado esse trauma, fui tomado por uma *gagueira* aguda que, desde a infância, se tornou uma marca por toda a minha vida.

O menino falante deu lugar a um adolescente gago que, a cada dia, experimentava situações tragicômicas, por vezes humilhantes e quase sempre constrangedoras. É fácil entender: por exemplo, você deve imaginar o grau de inferioridade que é apossado por um garoto gago na escola. *Batedeira, freio de mão, barco a vapor* – para ficar nos mais amenos – eram alguns dos apelidos com que os colegas me cunhavam.

Hei, Beto, quantas semanas tu levas pra ler em voz alta o teu nome?, bradava, do fundo da classe, um ex-colega de escola, um dos mais *marrentos* e engraçadinhos da sala, sempre com uma piada de gago na ponta da língua para espalhar aos outros. *Sacanagem* pura, pois somente quem é gago sabe o quanto é difícil pronunciar palavras que iniciam com consoantes, e Carlos Alberto Carvalho Filho, além de longo, tem um *Ca, Ca* sequencial impossível de não trancar. A sílaba *ca* para o gago é pavor para pronunciar. No meu caso, talvez fosse uma das mais difíceis de falar sem trancar.

Entrando na pré-adolescência, 15 anos, veio a primeira namorada. E por infortúnio fonético, o nome dela era Kátia. Meu Deus! Quando eu ligava para a sua casa e, em vez dela, o pai – ou a mãe – atendia, trancava tudo. Um horror! Tinha que desligar e pedir para alguém da minha família voltar a ligar para chamar a menina ao telefone. Imagine a situação: incapaz de pronunciar um simples nome da filha, que dirá construir a ele frases de efeito para expor as minhas verdadeiras intenções.

Então, chegou o vestibular e, com ele, a grande dúvida: fazer Jornalismo, vocação construída na admiração paterna (meu pai sempre foi um respeitado e conceituado jornalista gaúcho) ou fazer Engenharia; afinal, eu era bom em Matemática e, acima de tudo, *o negócio do engenheiro era calcular e, dessa forma, pouco seria exigido falar*, argumentavam os meus dois melhores amigos à época: o *id* e o *ego*. Depois de muito confabularem, irem e virem, o medo venceu a esperança: fui fazer Engenharia Civil.

Cálculo 1, Cálculo 2, Cálculo 3, Cálculo 4, Álgebra 1, Álgebra 2, Equações Diferenciais, Mecânica dos Fluidos, Mecânica dos Solos, Resistência dos Materiais, Concreto Armado 1, Concreto Armado 2, Eletricidade, Portos, Rios e Canais, uma a uma as matérias iam se sucedendo e eu, árdua e estoicamente, sendo aprovado em todas elas. Foram cinco anos de batalhas para finalmente conseguir vencer a minha primeira grande guerra: cumprindo regiamente o cronograma das disciplinas do curso, fui diplomado como Engenheiro Civil.

Festa, lágrimas, amigos, parentes, tudo certo para o início de uma nova fase da minha vida, certo? Errado! Ou melhor, em parte sim, pois ao receber o canudo de engenheiro e a responsabilidade de trilhar um futuro, comecei a dar-me conta de que eu não tinha a menor vocação para o exercício dessa profissão. Ao contrário, eu detestava ficar restrito a um mundo numeral, estritamente racional, exato e tangível. Eu até gostava de matemática, mas daí a me dedicar à engenharia como profissão eterna há um hiato amazônico.

A essa altura do campeonato o *id* e o *ego* já não se entendiam mais. Emoção e razão se digladiavam ininterruptamente, fazendo da minha cabeça uma autêntica arena romana. Foi então que o espírito leonino emergiu decidido, mandou o realismo do *ego* se aquietar, pegou o impulsivo do *id* pelo pescoço e lhe ordenou resolver a parada. Ele, o *id,* agora insuflado e confiante, em voz interna, tonitruante e direta, definiu curto e grosso:

– Beto, você vai ser aquilo de que mais gosta. A única chance de uma pessoa ter sucesso na vida é seguir a sua vocação.

Na verdade, o *id* tentava me dizer que deveria seguir o que o meu sentimento mandasse, em bom *gauchês*, algo como um *tchê, deixa de frescura e vá ser feliz!* E foi isso que decidi fazer. Afinal, havia me dado conta: eu não fui feito para viver na singularidade dos números, e sim para conviver na pluralidade das pessoas.

Assim, no mesmo ano em que me formei em Engenharia Civil, decidi largar tudo e tentar seguir o rumo da minha vocação e, sobretudo, do meu coração: trabalhar com pessoas, pelas pessoas e para pessoas.

A OPORTUNIDADE ALIMENTADA PELA DIFICULDADE

E por onde começar? Bem, antes de tudo, eu teria que enfrentar as minhas limitações e, em cima delas, buscar construir a minha trajetória, superando-as ou aceitando-as. Confesso que livros de autoajuda eu havia consumido quase todos. Porém, em nenhum deles conseguia me desvencilhar dos mesmos chavões: *superar limites, suplantar obstáculos, enfrentar desafios*. Veja bem, eu não sou contra estes gritos de guerra indutores à vitória. Ao contrário, se bem trabalhados e apropriadamente colocados, podem dar resultados muito positivos. Porém, no meu caso, essas expressões resultavam pouco consistentes. Talvez porque de tanto lê-las, psicologicamente, o efeito havia esvaziado. E mais: até aquele momento, eu não houvera superado limite algum, suplantado um muro sequer e, tampouco, enfrentado um desafio que merecesse assim ser chamado. Foi então que o *ego* voltou à cena e, com a sua voz pausada, lógica e aveludada, sussurrou no meu ouvido cerebral:

– Beto, por que, em vez de buscar superar esse problema, você não procura transformá-lo em vantagem competitiva?

Incrível! Eu nem sabia que o meu *ego*, desde aquele tempo, era *mercadológico*! Transformar o problema em *vantagem competitiva*, além de charmoso, me soava genial. Enfim, *acabaram-se os problemas*, gritou um *id* entusiasmado em aprovação à sugestão do parceiro.

O certo é que, a partir de então, passei a respeitar o *ego*. Percebi que no fundo, por trás daquele jeitão meio *pé no chão* também batia um coração. E mais: comecei a ver que, mesmo antagônicos, *id* e *ego* eram vinhos da mesma pipa, personagens do bem que, acima de tudo, desejavam o meu bem. Ou seja, me dei conta de que, se *id* e *ego* se unissem, cada um com o seu estilo e idiossincrasias, eu seria mais forte, mais estratégico e, sobretudo, mais feliz.

Pronto! Tudo começou a ficar claro na minha cabeça. Chamei os dois e, recordando as aulas de adestramento do saudoso *Astor* – um pastor alemão que, quando criança, eu sonhava transformar em *Rim--tim-tim* –, bradei:

– Id! Ego! Aqui! Junto!

Eles se entreolharam como que não entendendo a minha veemência. Todavia, logo passaram a entender a importância que seria, para mim, tê-los trabalhando juntos em favor do meu ideal.

A frase do *ego* ficava ecoando no meu cérebro. Pensava comigo:

Como fazer do limão uma limonada? Como pegar um problema de tamanha magnitude pessoal e transformá-lo em vantagem competitiva?

Por muitos dias, porém, passei a escutar uma voz interna que, sussurradamente, reverberava no meu íntimo:

– Coragem, Beto. É agora ou nunca! Enfrenta e segue em frente; ou foge, e serás um eterno frustrado, sem teres te permitido sequer tentar.

Durante algum tempo, também, fiquei fomentando forças para a decisão, fumando um cigarro atrás do outro (naquela época eu ainda fumava, culpa do *id* e do *ego*, dois fumantes inveterados), verificando alternativas, quando surgiu uma oportunidade de trabalhar na Xerox do Brasil, uma subsidiária brasileira pertencente à gigante mundial do segmento de copiadoras. No início, fiquei em dúvida em aceitar, pois imaginava ser alguma função ligada à área de engenharia. Porém, quando fui informado que era para uma nova função, prontamente me interessei.

Entrevista feita, recebi um *feedback* muito amável do Gerente de RH dizendo-me que, apesar das dificuldades naturais (um educado eufemismo para me dizer *apesar de ser gago*), eu estava aprovado e, realizados os exames médicos e treinamentos de capacitação profissional, eu já poderia começar como *vendedor de copiadoras* no segmento de novos clientes, ou *bate-latas,* como *carinhosamente* eram chamados os profissionais dessa função. Apenas para posicionar, vendedor novas contas – ou novos clientes – deveria trabalhar para vender máquina Xerox para quem nunca havia tido uma.

Nesse momento, *id* e *ego* fitaram-se de soslaio e, em uníssono, perplexos, perguntavam-se:

– O quê? Ven-de-dor? Gago?

Passados breves segundos, *id* e *ego* relembraram o acordo feito e, unidos, sacramentaram a decisão em uma só conclusão:

– Aceita o desafio, Beto. É esta a oportunidade de transformar o problema em vantagem. Chegou a hora de começar a fazer deste limão uma grande limonada.

Assim, poucos meses depois de me formar, eu estava deixando a glamurosa condição de engenheiro civil para assumir a, no mínimo, curiosa função de vendedor *bate-latas*.

DO LIMÃO À LIMONADA

TRANSFORMANDO OS DETALHES EM VANTAGENS COMPETITIVAS

Recordo-me do primeiro dia como profissional de vendas. Seguindo os conselhos da minha avó materna – além de um mimo de pessoa, uma costureira de mão-cheia – cheguei embalado impecavelmente em um terno azul-marinho, gravata bordô, camisa branca, sapatos pretos e bem lustrados. Ansioso, fui logo querendo saber por onde começar. Mal sabia que estava entrando em uma empresa modelar na atividade comercial e que, à época, antes de sair a campo, deveria cumprir um programa de treinamento de noventa dias. Modelar era pouco para defini-la; em uma semana de qualificação já dava para sentir que estava ingressando em uma verdadeira escola de vendas. Cumprida a fase de capacitação, fruto de inúmeros cursos teóricos e simulações práticas, estava pronto para ir à luta, visitar clientes e, enfim, começar a ser um profissional de vendas.

A atividade na Xerox iniciava cedo; oito horas da manhã era o horário marcado à chegada dos vendedores, que rapidamente iam lotando o salão de vendas, uma grande área aberta composta por três mesas imensas, cada uma delas com capacidade para acomodar até doze pessoas. A disposição seguia um critério de times, ou seja, uma mesa para os vendedores que prospectavam novas contas, outra para os vendedores que atendiam aqueles que já eram clientes e, por fim, uma terceira, destinada aos vendedores mais experientes e qualificados, que administravam o atendimento aos principais clientes, as chamadas *grandes contas*.

O salão de vendas era um ambiente alegre, interativo e integrativo. Nele, enquanto sorviam goles de café, chá ou chimarrão, os vendedores preenchiam seus relatórios, despachavam com os gerentes, analisavam seus clientes ou discutiam sobre futebol – não, necessariamente, nesta mesma ordem – e lá pelas nove horas começavam a sair para mais um dia de trabalho.

Eu observava tudo com atenção, procurava analisar todos os movimentos, como que procurando extrair de cada situação um pouco mais de sentimento sobre esta minha nova realidade profissional. O fato de ser gago, como era de se esperar, causava certa curiosidade geral. Alguns queriam saber como iria fazer para administrar a anomalia verbal na frente do cliente; outros, mais solidários, se prontificavam a ir junto comigo nas primeiras visitas e auxiliar na argumentação. A maioria, porém, não conseguia disfarçar o olhar de descrédito quanto ao meu desempenho. A tudo assistia e de tudo recolhia o subsídio motivacional necessário para encarar a situação, altivo e, apoiado pelos inseparáveis *id* e *ego*, totalmente determinado a fazer do limão uma limonada.

Passada a primeira semana, deixando de ser novidade aos demais, comecei a impor o meu estilo pessoal, baseado no seguinte princípio estratégico extraído dos ensinamentos do legendário Michael Porter: o da *diferenciação*. A base do meu pensamento estava alicerçada na seguinte constatação: se o estereótipo do vendedor é o de um sujeito de fala descolada e fluente, por que eu não poderia, em contraponto a esse conceito, ser um vendedor gago e com maior riqueza vocabular? Ou seja, por que não explorar duas marcantes características pessoais: a gagueira, por razões óbvias, e a extensão do vocabulário, recurso adquirido em função da primeira, haja vista, permanentemente, eu utilizar sinônimos diversos e instantâneos na fala para minimizar os percalços orais?

Em primeiro lugar, similar à prática comum nas equipes de futebol, adotei o costume do aquecimento antes de cada partida, ou de cada dia de trabalho. Ele consistia em, invariavelmente, agendar os meus clientes para depois das dez horas da manhã. Entretanto, antes das nove, eu já havia feito os meus relatórios, conversado com o gerente, definido a região geográfica a explorar para a captura de clientes e, até mesmo, comentado sobre futebol.

Você deve estar se perguntando:

– mas, se as visitas estavam agendadas para depois das dez e eu saía bem antes das nove, o que eu fazia nesse ínterim?

Vou confessar: *eu visitava açougues*! O ritual era imutável: elegia um ou dois açougues relativamente próximos às regiões onde iria trabalhar naquele dia, e corajosamente abordava os seus proprietários para oferecer-lhes máquinas copiadoras. Isto mesmo, eu começava o dia tentando vender copiadoras em açougues.

Pense rápido:

você tem ideia de quantas máquinas copiadoras eu vendi em açougue ao longo da minha vida?

Respondo:

nenhuma!

E nem poderia vender; afinal, você pode imaginar, trinta anos atrás, um açougue utilizando copiadora? Se hoje tal situação seria praticamente impensável, imagine naquela época.

Na verdade, honestamente, eu não comparecia no açougue com o objetivo de vender; ao contrário, eu utilizava o açougue para treinar. Eu sabia que o açougueiro não me compraria, tampouco alugaria, uma máquina copiadora. Assim, eu ficava mais à vontade para gaguejar, experimentar falas, gestos ou argumentações diferentes. Eu sabia que não estava queimando uma venda, pois o estabelecimento jamais seria meu cliente, e isso me deixava mais à vontade para errar, experimentar e me autoanalisar. Ou seja, eu utilizava o açougue como laboratório de aprendizado, de treinamento e, sobretudo, de superação pessoal.

Cansado de tanto gaguejar no açougue, às dez horas eu já estava verbalmente aquecido e tecnicamente mais bem preparado para visitar escolas e empresas, estas, sim, potenciais clientes à aquisição de copiadoras.

A sistemática foi dando certo. Aos poucos fui encontrando um estilo, moldando-me a cada cliente, maximizando as minhas valências e minimizando as minhas deficiências. A linguagem mais elaborada – por vezes até sofisticada – que impunha em meus diálogos era proferida com naturalidade, sem pedantismos, assumindo uma verdadeira marca pessoal.

DESAFIOS DIÁRIOS, CONQUISTAS PERMANENTES

A cada dia, um novo dia, um novo desafio e uma nova conquista. Como em um passe de mágica, tive descobertas maravilhosas à profissão. Descobri, por exemplo, que vender, acima de tudo, era saber lidar com emoções; as nossas e as do cliente. Descobri, também, que a construção da confiança deve estar na base da relação vendedor-cliente. Aprofundando mais a prospecção na magia de vender, fui descobrir que o vendedor de sucesso "escuta com os ouvidos da mente e fala com a voz da alma".

Bem, a partir daí, foi apenas pegar o espremedor. Os limões já estavam descascados, cortados e prontos à limonada. E não deu outra: explodi como vendedor. Ganhei dinheiro, prêmios sucessivos, recompensas diversas e, sobretudo, o respeito de todos. Continuei sendo referência; antes pela gagueira, agora pelo desempenho. Em poucos anos fui construindo uma trajetória sequencial crescente e consequente: vendedor novas contas, vendedor grandes contas, supervisor de vendas, gerente de mercado; enfim, experimentei, em menos de sete anos de empresa, quase tudo que um jovem profissional de vendas almejaria em tão curto espaço de tempo.

A partir de então, outros e novos caminhos profissionais se desencadearam em diversas empresas nacionais e internacionais, mas sempre voltados à área comercial – diretor de vendas, diretor de marketing, escritor, professor, conselheiro e consultor empresarial – e, em todos eles, com aprendizado constante nas derrotas e cuidado permanente na celebração das vitórias.

A gagueira, é importante salientar, permanece – hoje mais bem administrada, é claro – como marca pessoal que, confesso, não desejo mais perder. Ela se tornou ícone da minha luta, referência maior aos meus propósitos e, por que não dizer, gerou um certo valor agregado à minha imagem.

Em 2005, aceitando um convite feito por um importante grupo de comunicação para proferir uma palestra aos seus funcionários, iniciei uma nova fase na minha vida profissional. Agregando às funções executivas, passei também a ser um palestrante nacional sobre temas relacionados ao marketing, vendas e desenvolvimento pessoal. E, mais uma vez, fui buscar na diferenciação o foco principal na condução estratégica dessa atividade.

Algo como apregoaram dois dos mais conceituados gurus do marketing mundial: Al Ries e Jack Trout, que em seus livros consagrados, *Posicionamento* e *Marketing de Guerra*, profetizaram: "Se você não for o primeiro em sua categoria, procure criar uma outra onde possa se destacar". Observei que, no mundo, existem muitas pessoas com grande habilidade para se comunicar. Existem, também, muitos palestrantes exímios na arte de verbalizar. Porém, gagos que se comunicam bem são poucos. Palestrante, então, nem se fala! Logo, com perdão pela imodéstia, sou obrigado a reconhecer: *sou líder de segmento...* (risos).

É engraçado, mas é realidade: quando eu era criança, nos meus tormentosos momentos de reflexão, vivia exclamando aos céus:

– Meu Deus, por que me fez gago? Por que eu?

Hoje, olhando a vida pelo retrovisor, humildemente, tenho que reconhecer que dou graças a Deus por ter me dado a oportunidade de ser diferente, e poder fazer disso uma grande diferença.

A CRIAÇÃO DO PERSONAGEM

Em síntese, o meu processo de comunicação pessoal foi construído como um personagem.

Explico: comecei a observar que em determinadas situações pessoas disfêmicas – ou gagas – simplesmente não gaguejam. Por exemplo, gagos quando cantam, em geral, não gaguejam. São inúmeros casos de gagos que são excelentes e famosos cantores. Atores gagos, quando estão representando, também não gaguejam. Talvez você não os perceba, mas existem maravilhosos atores e atrizes, nacionais e internacionais, que possuem a disfemia. Narradores esportivos, quando narrando, usam seus artifícios vocais e, também, tem escorreita verbalização. Professores, apresentadores de televisão, artistas, enfim, em várias atividades de evidência pública, temos gagos que, no exercício do seu trabalho, curiosamente, não gaguejam.

Dedicando-me a entender o porquê dessa *curiosidade*, fui compreender que, em todas essas atividades, havia um fio condutor que as unia por similaridade comportamental: a existência de um *personagem*.

Ou seja, cantores, atores, artistas, comunicadores, todos quando em ação se moldam aos seus personagens do momento e exercem a sua oralidade dentro do contexto comunicacional estabelecido. Então, juntei os fios e percebi que aí poderia estar um caminho muito eficiente para uma boa administração da gagueira: a montagem de um próprio personagem, uma espécie de *alter ego* comunicacional, um outro eu, que fosse o meu eu idealizado, onde pudesse ser moldado por uma forma de fala diferente da minha original, mas que fosse condizente com o meu perfil de personalidade e alicerçado nos meus valores, nas minhas crenças e nos princípios morais pessoais. Em resumo, este meu outro eu seria sempre eu, porém um eu idealizado na oralidade de um personagem,

Assim, apoiado em técnicas cênicas – preciso registrar que, quando jovem, fiz um curso de teatro – criei o meu personagem, cuja comunicação detinha forte lastro de linguagem não verbal –, como aspectos gestuais, pausas orais, olhar, respiração, entonação de voz, etc. E a cada dia, colocando esse personagem a trabalhar, fui agregando nele mais naturalidade, mais realidade e, sobretudo, dotando-o de mais autenticidade comportamental. Afinal, o meu personagem é o meu Eu na minha essência e conteúdo, apenas com adaptação de forma. E hoje, confesso, passadas décadas de exercício e convivência diária, o personagem tomou tanta aderência em mim que não consigo mais dissociar quem sou eu e quem é o personagem. (risos)

Importante ratificar que a modelagem da oralidade desse personagem nada tem a ver com alterações de conduta ética e caráter pessoal. Esses permanecem intactos, pétreos e inerentes à atávica personalidade da minha existência. Refiro-me, sim e somente, à montagem de um personagem atinente ao modo de se comunicar. E mais: esse personagem – como já referi – precisa necessariamente ser condizente com o estilo pessoal de cada pessoa. Eu, por exemplo, por característica comportamental, sou extrovertido, intenso e com gestual bem proeminente. Tenho tom de voz mais grave, riso mais solto e certo gosto pela teatralidade expositiva. Assim, estruturei a minha forma de comunicação com base nesses preceitos, buscando na autenticidade o vetor principal dessa construção. E nesse sentido, recomendo para quem tem dificuldade expositiva e desejar seguir este meu caminho sugestivo, que o faça ancorado nas suas características e, principalmente, na sua maior comodidade e fluidez executiva.

A razão está em conseguir transformar, gradualmente, esta sua nova forma de se comunicar em algo natural à sua forma de se expressar, como se você pegasse as suas principais valências e desse a ela uma maneira de se comunicar tendo nelas os elementos da base construtiva. Por isso, mencionei ser o personagem uma espécie de "*alter ego* comunicacional". Um outro eu verdadeiro, porém verbalmente moldado e desenvolvido para um formato imaginado, sonhado e idealizado.

O efeito desse processo está no mesmo fio condutor antes referido. Ao projetar a minha forma de comunicação diferente daquela marcada pela disfluência verbal, criei uma outra mensagem ao meu cérebro. Ao concentrar a oralidade na colocação em prática das características do personagem, elidi receios e canalizei a minha energia expositiva para um outro viés perceptivo.

Ao cultivar o meu "*alter ego* comunicacional" incluí à minha marca pessoal o registro de orador persuasivo e palestrante inspiracional. Enfim, a vida é incrível, e o mais incrível são as guinadas maravilhosas que cada um de nós é capaz de nela produzir.

E assim, com esse propósito, espero que o conteúdo a ser apresentado a seguir possa contribuir de alguma forma a melhorar a sua performance pessoal, incentivar você a descobrir os seus *açougues* e, sobretudo, ajudar você a ser diferenciado.

AUTOGESTÃO EMOCIONAL

CAPACIDADE DE COMPREENDER, CRIAR E DIRECIONAR PROCESSOS MENTAIS NO SENTIDO DE AJUDAR NA EXECUÇÃO POSITIVA DAS TAREFAS E ROTINAS COTIDIANAS

Os meus anos e anos de convivência com a disfemia – ou a gagueira, como queiram – me fizeram ver uma força poderosa para o desencadeamento da diferenciação pessoal: refiro-me à *autogestão emocional*. A capacidade de autocontrole das influências anímicas, emocionais e situacionais para um disfêmico é ouro na administração cotidiana dessa anomalia.

Porém, a importância da autogestão emocional é muito mais abrangente do que o restrito enfrentamento da disfemia. Ela é base para todo e qualquer desenvolvimento pessoal e construção de percepções diferenciadas da nossa personalidade.

A partir dessa percepção, elaborei uma dinâmica dessa autogestão emocional cuja modelagem é baseada em quatro pilares, ou os *4 Autos,* como denominei nesta figura.

A autogestão emocional é a capacidade de compreender, criar e direcionar processos mentais no sentido de ajudar à execução positiva das tarefas e rotinas cotidianas. Ela funciona como uma espécie de guarda-chuva, abrigando os quatro elementos desencadeadores da dinâmica desse processo.

4 AUTOS
A DINÂMICA DA AUTOGESTÃO EMOCIONAL

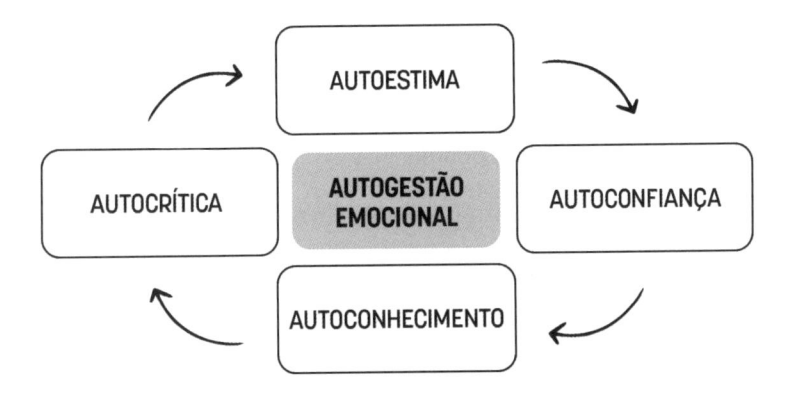

```
        ┌─────────────┐
    ┌──▶│  AUTOESTIMA │──┐
    │   └─────────────┘  ▼
┌──────────┐ ┌──────────┐ ┌──────────────┐
│AUTOCRÍTICA│ │AUTOGESTÃO│ │AUTOCONFIANÇA │
│          │ │EMOCIONAL │ │              │
└──────────┘ └──────────┘ └──────────────┘
    ▲   ┌──────────────────┐  │
    └───│ AUTOCONHECIMENTO │◀─┘
        └──────────────────┘
```

Orbitando a autogestão emocional temos os quatro *autos* da engrenagem; o autoconhecimento, a autocrítica, a autoestima e a autoconfiança.

Vejamos cada uma deles.

Autoconhecimento é um processo de autoanálise isenta no sentido de detectarmos e entendermos quais as principais saliências estruturais, relacionais e comportamentais da nossa personalidade. Exige um olhar racional sobre si, sem censuras ou viés crítico; apenas uma observação do todo e a forma de manifestação de cada saliência.

O autoconhecimento é a capacidade de entender o que somos, como somos, quando somos e por que somos.

Gosto muito de uma frase da escritora Sandra Carey, que diz: "Não confunda conhecimento com sabedoria. Um o ajuda a ganhar a vida; o outro, a construir uma vida." Analogamente, podemos imaginar que o autoconhecimento é base para o desenvolvimento da nossa autossabedoria.

> **AUTOCONHECIMENTO**
>
> Processo de autoanálise isenta no sentido de detectarmos e entendermos quais as principais saliências estruturais, relacionais e comportamentais da nossa personalidade.
>
> **Exige um olhar racional sobre si, sem censuras ou viés crítico; apenas uma observação do todo e a forma de manifestação de cada saliência.**
>
> Autoconhecimento é a capacidade de entender o que somos, como somos, quando somos e por que somos.
>
> *"Não confunda conhecimento com sabedoria. Um o ajuda a ganhar a vida; o outro, a construir uma vida."*
> SANDRA CAREY

A autocrítica é uma decorrência do autoconhecimento. No autoconhecimento o foco é a emersão das saliências da personalidade, sem preocupação com o juízo de valor. Já a autocrítica é o exercício de valoração das saliências emergidas na fase do autoconhecimento, reconhecendo fraquezas e defeitos, bem como as fortalezas e as virtudes pessoais.

Exige maturidade para aceitar os pontos negativos, humildade no trato dos positivos, e discernimento racional para as ações de mitigação dos pontos fracos e potencialização dos pontos fortes.

Na autocrítica, o olhar analítico é base para geração de valor pessoal.

O saudoso e legendário Peter Drucker, em seu livro *Management Challenges for the 21st Century* (1999), expressou que "na economia do conhecimento, o sucesso vem àqueles que conhecem a si mesmos – seus valores, seus pontos fortes e como funcionam melhor". A citação do mestre Drucker traz, também, de forma subliminar, a necessidade dos profissionais de sucesso, além de reconhecerem as suas valências, saberem detectar – e admitir – os seus pontos fracos, ou seja, aquelas características carentes de aptidão para integrar o portfólio dos atributos pessoais.

E, cá entre nós, como é difícil admitirmos fraquezas, debilidades e incompetências pessoais e profissionais. O receio de não ser valorizado, por vezes desdenhado, faz com que queiramos ser super-homens – ou mulheres-maravilhas – em nossas atividades. Assim, estamos sempre aptos a tudo – basta um treinamento básico e já nos consideramos prontos ao desafio. Somos totalmente virtudes, zero defeito... Posso até estar utilizando uma hipérbole argumentativa, mas, na essência, temos muita dificuldade para a autoavaliação e para diferenciar nossos pontos fortes e pontos fracos.

Conhecer a si mesmo é ter consciência do que somos, para poder saber onde queremos ir. Exige desprendimento e humildade para reconhecer o que não sabemos fazer. Mas, também, requer imodéstia para destacar pontos fortes e descobrir onde poderemos ser diferenciados em relação aos outros. O autoconhecimento ajuda a evidenciar nossos reais valores, tornando mais fácil, a partir da autocrítica, a compreensão de como funcionamos, como melhor aprendemos, como melhor nos desenvolvemos e, sobretudo, como fazemos melhor.

Além do autoconhecimento e da autocrítica no discernimento dos talentos, e as suas potencialidades para pontos fortes, a diferenciação exige foco e atenção no desenvolvimento dessas valências. E de novo, trago outra frase do Peter Drucker que ilustra bem o que estou dizendo: "O ser humano tende a gastar muito mais energia para avançar da incompetência à mediocridade, do que para ir do bom desempenho à excelência".

É normal dedicarmos grande parte do nosso tempo de aprimoramento pessoal buscando melhorar aquilo que fazemos mal, ou mesmo que não sabemos fazer, aquilo que não temos vocação, pelo simples receio de que a evidência de uma eventual fraqueza possa prejudicar a percepção de imagem dos outros acerca de nós.

E fazendo isso, destinando tempo, energia – e até dinheiro – tentando fazer melhor o que não temos vocação ou talento a realizar, o máximo que conseguiremos é sermos médios. E sendo médio, ninguém faz a diferença. Porém, se a nossa atenção for dedicada em algo que já fazemos bem, que gostamos e que sentimos ter facilidade e vocação para a execução, então, neste caso, temos boas chances de sermos ótimos e, sendo ótimos, certamente temos tudo para fazermos a diferença.

> **AUTOCRÍTICA**
>
> Exercício de valoração das saliências emergidas na fase do autoconhecimento, reconhecer fraquezas e defeitos, bem como as fortalezas e as virtudes pessoais.
>
> **Exige maturidade para aceitar os pontos negativos, humildade no trato dos positivos, e discernimento racional para as ações de mitigação dos pontos fracos e potencialização dos pontos fortes. Autocrítica é base para geração de valor pessoal.**
>
> "O ser humano, em geral, gasta muito mais tempo e energia para ir da incompetência à mediocridade do que do bom desempenho à excelência."
>
> "O sucesso geralmente vem para aqueles que se conhecem melhor, suas virtudes, seus pontos fortes... como funcionam melhor."
>
> PETER DRUCKER

O terceiro elemento dessa dinâmica é a autoestima, ou seja, a forma de como valoramos o que enxergamos dentro de nós, como nos valorizamos e como nos vemos no contexto social e relacional. Para mim, este pilar é fundamental nesse processo.

Autoestima, chego a dizer, tem quase o mesmo peso da saúde em nossas vidas, pois a falta dela é uma das propulsoras do desenvolvimento de doenças, e a presença dela, não raras vezes, torna-se o motivo de cura. Importante atentar a isso: desenvolver a autoestima é um investimento na vida.

Podemos considerar que a autoestima é ancorada em quatro pilares:

1. Autoaceitação:
Postura altiva com *mindset* positivo em relação a si, suas virtudes e seus defeitos.

2. Segurança pessoal:
Postura positiva em relação às próprias capacidades, potencialidade e desempenho.

3. Competência social:
Capacidade de desenvolver relacionamentos (*networking*), estabelecendo pontes relacionais.

4. Ambiência relacional positiva:
Convívio com pessoas com mentalidade positiva, construtiva e animicamente colaborativa.

Sabe, tem uma frase do Oscar Wilde que reflete bem como a autoestima, o gostar de si, tem um significado único na vida. A frase é: "Amar a si mesmo é o começo de um romance para toda a vida".

Não preciso dizer mais nada; afinal, para que eu possa gostar dos outros, eu preciso antes gostar de mim. E se viver é amar, a autoestima é aquele beijo na alma que cultiva permanentemente esse amor.

AUTOESTIMA

A autoestima é a forma como valoramos o que enxergamos dentro de nós, como nos valorizamos e como nos vemos no contexto social e relacional.

Sentimento ancorado em quatro pilares estruturais:

1. Autoaceitação
Postura altiva com *mindset* positivo em relação a si, suas virtudes e defeitos.

2. Segurança pessoal
Postura positiva em relação às próprias capacidades, potencialidades e desempenho.

3. Competência social
Capacidade de desenvolver relacionamentos (*networking*), estabelecendo pontes relacionais.

4. Ambiência relacional positiva
Convívio com pessoas com mentalidade positiva, construtiva e animicamente colaborativa.

> "Amar a si mesmo é o começo de um romance para toda a vida."
>
> OSCAR WILDE

O quarto - e complementar elemento dessa engrenagem dinâmica -, a autoconfiança, é o sentimento que traduz a crença positiva do *acreditar em si*, nas suas habilidades, qualidades e julgamentos.

É a convicção de ser capaz de fazer e realizar o que foi planejado e proposto.

É o esteio da coragem, o combustível à resiliência e a força interior capaz de transformar o "não" em "sim", o "nunca" em "sempre", o "erro" em "aprendizado".

A autoconfiança, porém, muito mais do que adquirida pelos nossos acertos, é um sentimento que se robustece a partir da aceitação e do aprendizado com os nossos erros.

> **AUTOCONFIANÇA**
>
> É o sentimento que traduz a crença positiva do "acreditar em si", nas suas habilidades, qualidades e julgamentos.
>
> É a convicção de ser capaz de fazer e realizar o que foi planejado e proposto.
>
> É o esteio da coragem, o combustível à resiliência e a força interior capaz de transformar o "não" em "sim", o "nunca" em "sempre", o "erro" em "aprendizado".
>
> *"A autoconfiança não aumenta quando você descobre que acertou, mas quando você tem a coragem de admitir que errou."*
>
> ANDRÉIA LOUREIRO

EXERCENDO A AUTOGESTÃO EMOCIONAL

Como profissional de vendas, sempre exercitei a minha gestão pessoal com base na autogestão emocional. Invariavelmente, sempre procurei focar o meu desempenho em uma negociação alicerçando-o nos meus pontos fortes. Assim, o autoconhecimento e a autocrítica são fatores preponderantes nesse exercício e base para um dos preceitos fundamentais de desenvolvimento pessoal que carrego por toda a minha vida: concentro-me em aperfeiçoar sempre o que faço bem e, não, em tentar melhorar o que faço mal.

É lógico que cuido para que os pontos fracos, especialmente os maus hábitos, não comprometam ou inibam a minha eficiência. Porém, é nos atributos positivos da minha personalidade que jogo toda a energia ao aprimoramento permanente. Investindo neles, sei que posso, a cada dia, me tornar um pouco melhor. E somente por meio deles sei que posso construir a minha diferença.

Quando decidi deixar de ser engenheiro e adotar o vendedor como minha profissão, fiz uma escolha com base no autoconhecimento e, especialmente, na autocrítica. Não foi fácil entrar pela primeira vez em uma obra depois de formado, olhar aquele amontoado de ferro e concreto e decidir que, apesar dos cinco anos de convívio diário com aquela realidade, o meu mundo era outro.

Ao desistir de seguir uma carreira de engenheiro admiti, humildemente, não ter vocação para o exercício da atividade. Ao procurar ingressar no mundo comercial, porém, fi-lo baseado na convicção de possuir atributos positivos que, se bem lapidados no tempo, me conduziriam a desempenhos superiores. E não deu outra! Se exercesse a engenharia na prática, seria um profissional mediano, nada mais do que isso. E o que é pior: alcançaria o troféu de engenheiro medíocre por meio de um grande esforço pessoal, haja vista estar violentando a minha vocação. *Contrario sensu*, ao apostar nos meus pontos fortes, mesmo tendo que superar as dificuldades da gagueira, fiz-me vendedor de sucesso, um executivo respeitado, um palestrante requisitado e, acima de tudo, uma pessoa feliz. E esse estágio, o da conquista da felicidade, devo muito à autoestima e à autoconfiança. O gostar e o acreditar em si projeta uma conexão muito íntima com a prazer em realizar algo, gerando um estado anímico propício a desempenhos superiores e à materialização de êxito e conquistas.

O *ser feliz* é o resumo de tudo o que, em vida, devemos buscar. Essa felicidade está em desenvolver-nos naquilo que gostamos, que sentimos prazer e, especialmente, fazer aquilo que sabemos fazer.

Não interessa a atividade, a profissão ou o campo de trabalho em que esteja inserido. Siga o caminho da sua vocação. Aposte todas as suas fichas nela. Não esmoreça jamais! Mesmo que a estrada da sua realização seja repleta de pedras e obstáculos, por vezes considerados intransponíveis, não desanime. Acredite! Faça dos limões da vida a sua limonada. Descubra o seu *Eu* verdadeiro, valorize os seus pontos fortes, minimize os seus pontos fracos, crie o seu próprio *açougue*, e treine, treine, treine muito.

DETALHE
FAZENDO A
DIFERENÇA

Henry Ford, inesquecível expoente da Revolução Industrial, dizia que "o sucesso está em cem pequenas coisas feitas um pouco melhor; mas o fracasso também pode estar em cem pequenas coisas feitas um pouco pior". Refletindo sobre essa frase, e inserindo-a no mundo de hoje, a cada dia mais integrado, imitável e competitivo, não tenho dúvidas em afirmar: a diferença está no aproveitamento dos detalhes. Alguns, mais perto; outros, mais longe. Mas, certamente, muitos ao nosso alcance. Estar apto a enxergá-los e disposto a utilizá-los pode fazer a grande diferença.

Não perca tempo. Conheça-se, descubra-se, ame-se e, acima de tudo, seja feliz. Pois, no resumo da vida, eu não tenho dúvida que a felicidade é a verdadeira **diferença que faz a diferença**.

DINÂMICA DA DIFERENCIAÇÃO PESSOAL

Uma vez que a autogestão emocional esteja em nós introjetada e permanentemente praticada, podemos, então, partir para o processo da diferenciação pessoal. A partir de agora, o foco será trabalhar nossos talentos pessoais – que certamente todos temos – transformá-los em pontos fortes e, deles, nossos efetivos diferenciais na vida.

Então, vamos em frente!

A DINÂMICA DA DIFERENCIAÇÃO PESSOAL

```
        ┌──────────────┐
    ┌──▶│ DIFERENCIAÇÃO│──┐
    │   │   PESSOAL    │  │
    │   └──────────────┘  ▼
┌────────┐  ┌────────┐  ┌──────────────┐
│ PONTOS │  │ VOCÊ É │  │MARCA PESSOAL │
│ FORTES │  │O/A CARA!│  │              │
└────────┘  └────────┘  └──────────────┘
    ▲   ┌──────────────┐  │
    │   │   TALENTO    │  │
    └───│   NATURAL    │◀─┘
        └──────────────┘
```

O processo da DIFERENCIAÇÃO PESSOAL cumpre um ciclo que se retroalimenta a partir do talento pessoal, que, quando qualificado e lapidado, faz surgirem os pontos fortes e deles, a diferenciação pessoal.

Uma vez estabelecida essa percepção de diferenciação pessoal, emerge a sublimação desse conceito: a marca pessoal, a dimensão que proporciona à diferenciação um *status* de grandeza pessoal ou, popularmente falando, a condição de ser reconhecido, ou reconhecida, como *o cara*, ou *a cara*.

Guarde sempre isso com você: marcas, muito além de identificar e rotular pessoas, produtos e serviços, servem para ajudar consumidores no processo de escolha.

Vamos começar a análise da dinâmica pelo elemento inicial: o talento.

Talento natural para exercer algo é a base – e principal matéria prima – de todo ponto forte. E aqui, ancorado em opiniões de *experts* no assunto, sustento ser o talento um atributo pessoal, individual e inato. Infelizmente, não pode ser aprendido, muito menos comprado. Ou você tem, ou você não tem. Porém, um fato tranquilizador: todos nós temos talentos; basta descobri-los.

– *Pô, quer dizer que se não tenho talento para determinada coisa, mesmo estudando e treinando, nunca vou conseguir fazê-la?*

– *Bem, você até poderá executar, mas deixa-me explicar melhor.*

Veja bem, você até vai conseguir fazer se dedicar esforço para ampliar conhecimentos pessoais acerca de um determinado tema ou atividade e, mais ainda, se procurar praticar constantemente o conhecimento adquirido. E, em muitos casos, poderá, inclusive, realizar bem o que está se propondo. No entanto, sem talento, por mais conhecimento e treino que venha a ter, você nunca será *o cara*.

– *Entende o que estou querendo expressar?*

No entanto, a simples presença de talento não assegura a existência de um ponto forte.

Reflitamos, por exemplo, sobre o caso de um executivo, notadamente detentor de talentos naturais evidentes, cuja carreira pode ser estagnada se ele não aglutinar a esses dons o aprofundamento constante de conhecimentos específicos e necessários à execução da sua atividade, nem procurar – ou se esforçar – colocar em prática o que tem e o que sabe. Exemplos para isso não faltam, você concorda? Quantas pessoas extremamente talentosas nós conhecemos e que, na prática, não conseguem se diferenciar, sequer se evidenciar.

O destaque, o protagonismo, a referência vêm do desenvolvimento do talento, especialmente na construção pessoal de pontos fortes.

> **Talento natural** para exercer algo é base – e principal **matéria-prima** – de todo ponto forte.

> **Talento** é pessoal, individual e inato.

> **Ou você tem; ou você não tem.**

DEFININDO O PONTO FORTE

E o que seria o ponto forte? O que caracteriza um ponto forte em alguém?

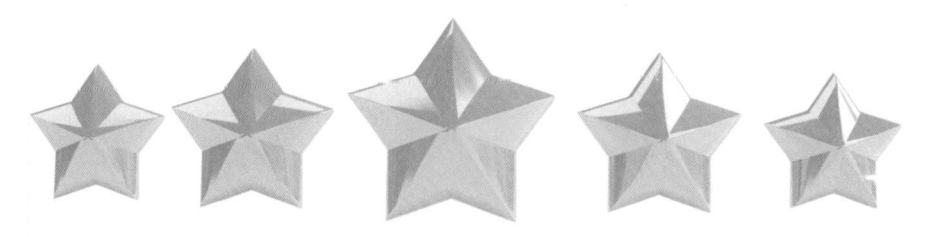

Se eu perguntar: na sua opinião, o que caracteriza a existência de um ponto forte, certamente entre as respostas estará algo como "aquilo que eu sei fazer bem". Normal. Afinal, se obtenho um desempenho em algo, mesmo que episódico, deve ser um sinal de ponto forte. No entanto, necessariamente, essa lógica consequencial não assegura a afirmação de estar aí presente um ponto forte.

O QUE CARACTERIZA UM **PONTO FORTE** EM ALGUÉM?

Ponto forte é a obtenção de um "desempenho **estável em alto nível**, quase perfeito e **constante em determinada** atividade".

Ponto forte, na realidade, requer mais do que *saber fazer bem*. Ele exige a obtenção de um desempenho estável, em alto nível, quase perfeito e constante em determinada atividade.

Em síntese, o ponto forte não significa, apenas, o fato de *ter condições de*. É preciso mais, é necessária a prevalência de uma constância de desempenho capaz de *manter excelência em*.

> Ponto forte não significa, apenas, o fato de **ter condições de...**

> E, sim, a prevalência de uma constância de desempenho capaz de **manter excelência em...**

Comumente, por exemplo, escutamos a expressão popular *estar de aniversário* para definir alguém quando, pontual ou episodicamente, apresenta um desempenho acima do que estamos acostumados a observar em outras situações similares.

No futebol, por exemplo, não raras vezes constata-se um jogador tendo uma destacadíssima atuação, quando, normalmente, a sua produção histórica é mediana. Diz-se, assim, que naquele dia, excepcionalmente, o sujeito *estava de aniversário*, onde tudo dava certo e que só daqui a um ano ele voltará a jogar daquela maneira.

Deixa-me contar uma história de quando era muito garoto, eu tinha uns 12 ou 13 anos. Na época eu sonhava ser jogador de futebol, como muitos garotos da minha idade. Eu até jogava bem. Inclusive, atuava pela equipe infantil do Grêmio. E recordo de uma partida em Montevidéu, no Uruguai. O jogo estava difícil, o time local jogando duro, como costuma acontecer com os uruguaios, e o zero a zero teimava em não desarmar o prosaico placar manual do acanhado estádio nos arrabaldes da capital uruguaia.

Bem, o jogo estava encardido e, de repente, peguei uma bola no meio de campo, apliquei um drible desconcertante no adversário e, lá de fora, posição intermediária entre o grande círculo e a meia-lua, do *meio da rua* como se diz, acertei no ângulo do goleirinho uruguaio. Um golaço!

Um gol maravilhoso e uma alegria inesquecível. Saí gritando, esbravejando, soltando o verbo e mandando todo mundo *praquele* lugar. Que incrível aquele gol! Porém, nunca mais consegui fazer algo sequer parecido. Pois é, naquele dia eu talvez estivesse *de aniversário*.

Acontece que, apesar de desfrutar de razoável habilidade com a bola, o chute, especialmente o de longa distância, nunca foi uma das minhas características, muito menos predileções. Ao contrário, via nele um dos meus pontos fracos, que, não raras vezes, comprometia o meu desempenho no esporte. Certamente por isso, aliado a outras limitações técnicas, tenha decidido abandonar a prática competitiva do futebol, reservando espaço apenas às divertidas *peladas* entre amigos, quase sempre motivo maior para compartilharmos do churrasquinho entre amigos ao final.

Ou seja, leve isso com você. Ponto forte exige a manutenção de desempenho estável, quase constante, em nível superior.

Bem, mas antes de evoluirmos na abordagem de construção dos pontos fortes, deixa-me referir **quatro premissas**, ou dicas, conceituais importantes de serem observadas no processo da construção da diferenciação pessoal.

A primeira delas seria a capacidade de realização de algo de maneira consistente, ou seja, a necessidade de essa valência pessoal ser uma parte visível do nosso desempenho.

Ser diferenciado exige muito mais do que simplesmente utilizar eventuais talentos naturais em favor de algo, como veremos nos capítulos mais adiante. *Ser diferenciado* implica, necessariamente, combinar a descoberta desses talentos com outros fatores que propiciem transformá-los em pontos fortes e potencializá-los para resultados constantes e de alto nível.

Mas, como referi, um dado adicional é muito importante: essa valência pessoal, esse desempenho superior, precisa ser visível aos olhos dos outros. Na vida, o valor é dado pela percepção e não apenas pela realidade. Não basta ser, tem que parecer ser.

Infelizmente, nós não somos o que achamos que somos, e sim o que os outros acham que somos. Uma joia na mão de quem não conhece – ou não aprecia – vira bijuteria. Assim, cuidando sempre para não enveredar para o exibicionismo, arrogância ou simplesmente o protagonismo inadequado, devemos, sim, estimular nos outros a percepção de valor a nosso respeito.

A segunda premissa é a de que não precisamos ter pontos fortes em todos os aspectos pertinentes a uma função ou atividade para nos destacarmos.

Logo, chega de profissionais perfeccionistas ou eternamente insatisfeitos consigo mesmos. A autoexigência exacerbada, no íntimo, é uma surda insegurança a prejudicar nossos desempenhos. Saber que não precisamos – nem conseguiremos – sermos perfeitos o tempo todo é o mínimo que devemos introjetar nas nossas autoavaliações. E mais, fica a dica: a perfeição impacta, mas é a imperfeição da autenticidade que nos conecta às pessoas.

Eu mesmo sofri muito com isso. Gago, ao longo do tempo, experimentava evoluções na fluência verbal que, quase sempre, esbarrava na exigência da perfeição. Ora, absurdamente, pensava que deveria passar da gagueira aguda para a escorreita locução da celebridade global tipo William Bonner, por exemplo.

Não dá, *né?* Gago nenhum poderá imaginar nunca mais experimentar, mesmo que eventuais, as trancadinhas ou esticadinhas vocabulares características da disfemia. É da essência desta anomalia verbal. Eu nunca serei o Bonner. Em compensação, o Bonner, mesmo com todas aquelas mechas grisalhas cuidadosamente alinhadas pelos cabeleireiros da Globo, nunca terá o charme de uma melódica sílaba levemente alongada ou da sedutora respiração forçada de uma pausa estratégica, recursos comuns em gagos crônicos e convictos. (*risos*)

Ou seja, cada um na sua. Brincadeiras à parte, não podemos querer ser o que não podemos ser. Mas se explorarmos toda a potencialidade dos nossos talentos e soubermos transformá-los em pontos fortes, mesmo com limitações de determinados atributos considerados mais fracos aos padrões convencionais de avaliação, o céu é o limite, e a diferenciação uma consequência natural de quem dela souber explorar.

Certa vez ouvi de um experiente arquiteto um conselho que nunca mais esqueci sobre decoração de interiores. Em uma roda de amigos, um deles externou a dificuldade que estava tendo para esconder um pilar estrutural que compunha um ambiente da sala de estar. Aproveitando a presença do arquiteto na roda, solicitou a ele o que poderia fazer com aquele pilar. A resposta não poderia ter sido mais talentosa:

– Quando em um ambiente físico temos algum elemento estrutural esteticamente mal colocado, e impossível à remoção, a solução é não procurar escondê-lo, e sim evidenciá-lo dentro do contexto em que está inserido.

– Como assim?
– Simples. Pinta de vermelho! Se não dá para esconder, faça aparecer.

A risada correu solta entre os presentes.

Rapidamente, fiz da criativa e bem-humorada resposta do arquiteto um referencial analógico com eventuais saliências pessoais que, sob análise tradicional, representariam pontos fracos.

Veja, novamente, o meu caso. Por longos anos tive dificuldade de admitir – e aceitar – a gagueira. Buscava descobrir maneiras e mais maneiras de tentar disfarçar essa situação. Analogamente, tinha assim um pilar fonético atravancando a estética da minha oratória. Adotando a conduta de esconder tal situação, jamais consegui me livrar desse pilar e, quase sempre, supervalorizava a influência negativa que ele pudesse representar aos olhos daqueles que o viam.

No entanto, quando passei a desnudar essa condição, assumindo a minha fala peculiar como um estilo próprio e diferenciado de me comunicar, evidenciei algo que, ao contrário do que sempre imaginara, trouxe-me valores agregados e vantagens competitivas que fluidez verbal alguma seria capaz de proporcionar. E, nessa linha, inúmeros casos de evidenciar pretensos elementos negativos como diferenciais competitivos poderiam ser trazidos à tona, ilustrando ainda mais os benefícios em *pintar os pilares da vida de vermelho*.

A terceira premissa, reforçando o que falei no início deste *mentoring book* seria **a constatação de que alguém somente conseguirá destaque em sua atividade profissional se buscar maximizar os seus talentos**, jamais focando no conserto das suas fraquezas.

Obviamente, cabe relembrar, que minimizar a participação das fraquezas no contexto de um desempenho não significa, absolutamente, desprezar essas deficiências. O cuidado para que eles não prejudiquem a fluência funcional dos talentos deve ser tônica comportamental em todos os que busquem resultados exitosos.

O segredo para isso está em encontrarmos meios de contornar essas fraquezas, libertando-nos, assim, para aperfeiçoar as nossas características positivas de forma mais aguda. Tirando proveito dos nossos talentos e sabendo administrar a incidência dos pontos fracos, teremos o equilíbrio funcional necessário para criar o caminho à obtenção de desempenhos que façam a diferença. Nesse sentido, defendo o cultivo da autenticidade expositiva, encarando de frente eventuais dificuldades, e até fazendo delas elementos emocionais positivos à sua marca.

Como forma de ilustrar o que estou argumentando, trago um exemplo que gosto de utilizar nas minhas palestras, evidenciando como uma aparente dificuldade, quando envolvida no contexto emocional da autenticidade, aparece como desequilibrador à percepção de valor.

Certa vez, convidado por amigos uruguaios com os quais mantinha estreita relação comercial, fui acompanhá-los em visita a uma empresa japonesa no intuito de ajudá-los em um processo de negociação que, de antemão, fora informado ser de contexto delicado e imprevisível desfecho.

Ainda durante a viagem, enquanto esperávamos uma conexão no Aeroporto de Ezeiza, em Buenos Aires, na Argentina, recebi deles uma amável solicitação para que tivesse cuidado ao utilizar as mãos na argumentação com os japoneses. Ocorre que, em função de ser gago, recorro permanentemente ao uso da gesticulação como elemento importante para me destravar e, dessa forma, dar mais fluência a minha fala.

Assim, incorporei ao meu estilo pessoal, além de uma verbalização entoada e permeada por pausas estratégicas, um gestual largo, intenso e, não raras vezes, efusivo e enérgico. O falar enfático e gesticulado poderia soar agressivo à cultura japonesa, em que a fala monocórdica e a quase ausência de linguagem não verbal tornam-se uma constante no estilo oriental de se comunicar. Um pouco desconfortável com a colocação, respondi aos amigos uruguaios que seria difícil evitar eventuais excessos, mas lhes garanti esforço para me adequar aos padrões dos nossos interlocutores.

Chegando à reunião, fui logo apresentado aos presentes e, como já havia me condicionado, externei um leve sorriso, seguido de um respeitoso e comedido inclinar de tórax, bem em acordo com o *figurino* previamente exposto. Passada a formalidade das apresentações, fomos conduzidos à sala onde uma grande mesa oval nos esperava para o início das conversações.

Logo fui procurando um local mais à ponta – uma característica que tenho, pois gosto de negociar em condições de olhar a todos nos olhos, observando as reações, as emoções e os comportamentos assumidos durante os diálogos. Ao me sentar, usei um artifício para restringir os meus movimentos de mãos, braços e antebraços: simplesmente me sentei sobre as minhas mãos – ou, melhor, coloquei-as sob minhas pernas –, mantendo os braços sempre próximos ao tronco.

Utilizando o espanhol como a língua oficial do encontro, começamos a conversa. Um colega uruguaio, de fala pausada, educada e bem estruturada, foi fazendo a exposição da pauta e dos objetivos da reunião, sob o olhar atento e indistinto dos interlocutores japoneses. A reunião corria tensa, e eu, ainda silente, observava tudo com atenção, procurando encontrar o momento certo para me inserir na conversa.

E veio o momento: educadamente, atento às recomendações ministradas no transcurso da viagem, em voz contida e suave, engatei um *con permiso* e... esqueci que o *co* é primo-irmão do *ca*. Foi um verdadeiro desastre. Em suma: se em português falar sem as mãos, em tom baixo e linear já é difícil, imagine em espanhol!

Era uma *trancada* atrás de outra, que a certa altura já começava a deixar os demais impressionados – e penalizados – com tanto esforço que fazia para construir as parcas frases que conseguiam romper os lábios e encontrar os tímpanos desconfiados dos orientais. Enquanto falava – ou tentava –, imaginava os interlocutores nipônicos sem conseguir entender direito o que estava acontecendo, procurando descobrir se esse jeito *batucado* de falar que eu apresentava seria uma característica peculiar do Brasil. Afinal, como somos conhecidos por *A terra do samba*, o imaginário é livre, não é mesmo?

A coisa andava de mal a pior: os meus amigos estavam perplexos, pois nunca me viram com tamanha dificuldade; os japoneses, atônitos, como que não entendendo por que eu insistia em fazer da boca instrumento de percussão; e eu, já desolado, vendo que, se continuasse falando baixo, sem entonação e, especialmente, sem as mãos, a minha contribuição ao contexto da negociação seria próxima do nada.

Foi então que, mais uma vez, percebi o quanto a autenticidade é capaz de fazer e, sobretudo, desequilibrar uma negociação. Pedindo desculpas a todos, descolei as mãos já suadas das minhas pernas, elevei um pouco mais a voz, trazendo-a mais próxima do meu normal e olhando firmemente nos olhos de cada japonês, fui explicando o porquê da intransponível dificuldade de falar sob aquelas condições. De pronto, nasceu outra pessoa. A voz insegura pelo forte controle que eu lhe impunha deu lugar à entonação costumeira e melódica. As mãos, já soltas, como que construindo um imaginário descortinado, deixavam-me à vontade, e as frases, antes incompletas, agora saíam fáceis, harmônicas e intensas.

Expliquei aos atentos interlocutores que precisava dessas ferramentas heterodoxas de comunicação para poder me expressar de forma normal. Pedi-lhes, com um *por favor* vindo do fundo da alma, que não interpretassem esse meu estilo como uma afronta à cultura; ao inverso, solicitei-lhes que compreendessem este meu desabafo como uma forma de respeito e consideração aos seus ouvidos. Fui sincero e franco; fui autêntico e realista; e, acima de tudo, fui inteiramente eu. Sem máscaras, sem vaidades e sem a vergonha de externar meus sentimentos e minhas dificuldades.

O resultado? Melhor impossível: os interlocutores japoneses esboçaram leves, porém genuínos e cálidos, sorrisos de aprovação e concordância. O ambiente, antes tenso e pétreo, foi se metamorfoseando. A partir daquele momento, o clima amistoso e de benevolência recíproca dominou as posições até então rígidas e inflexíveis. Era notório, até mesmo aos olhos de qualquer desavisado que adentrasse a sala naquele momento, que a cordialidade latente entre os presentes convergia para um fechamento conciliador e positivo para ambas as partes.

Não tenho dúvidas de que o impacto emocional decorrente da surpresa da minha argumentação, do relato das dificuldades pessoais e do tom sincero e transparente das palavras expressas foi decisivo para a mudança de rumo e o resultado exitoso da negociação.

Ao final, como que um troféu a ser guardado para sempre na minha memória, recebi surpreendentes e afetuosos abraços de sorridentes japoneses, já totalmente adaptados à forma sanguínea e latina de me expressar. Quase dei um beijo neles (*risos*).

De novo, quando o pilar não pode ser removido da sala, pinta-o de vermelho!

Uma quarta e complementar premissa refere-se à natureza impactante desse talento na percepção de terceiros. Ao contrário do que muitos possam imaginar, ele não precisa ser artístico ou esfuziante para ser notado e admirado. Qualquer desempenho próximo da excelência já é capaz de estimular sensação de reverência, reconhecimento e intensa admiração. A capacidade de gerar forte conexão interpessoal, capaz de fazer com que alguém desperte aprovação, simpatia ou encantamento no outro, não é privilégio do estilo comportamental. Ela é, sim, reflexo dos atributos salientes da diferenciação pessoal e dos impactos que ela produz na avaliação de quem a percebe.

PREMISSAS CONCEITUAIS PARA A DIFERENCIAÇÃO PESSOAL

Capacidade de realização de algo de maneira consistente, ou seja, a necessidade de essa valência pessoal ser uma parte visível do nosso desempenho.

NÃO BASTA SER, TEM QUE PARECER SER.

Não precisamos ter pontos fortes em todos os aspectos pertinentes a uma função ou atividade para nos destacarmos.

CONTROLAR A AUTOEXIGÊNCIA EXARCEBADA.

Maximizar os nossos talentos, focando nossos objetivos na evidência das fortalezas.

TRANFORMAR EVENTUAIS FRAQUEZAS EM FORTALEZAS.

Natureza impactante do talento na percepção de terceiros.

NÃO PRECISA SER ARTÍSTICO OU ESFUZIANTE PARA SER NOTADO OU ADMIRADO.

DESCOBRINDO NOSSOS TALENTOS

Bem, feitas as premissas, voltamos aos pontos fortes. O que precisamos para construir uma vida centrada em nossos pontos fortes?

O QUE PRECISAMOS PARA CONSTRUIR UMA VIDA CENTRADA EM
PONTOS FORTES

Resposta simples e direta:

SABER UTILIZAR O PODER DO AUTOCONHECIMENTO PARA IDENTIFICAR OS NOSSOS TALENTOS DOMINANTES

Os talentos naturais dominantes são aqueles mais salientes da nossa personalidade. Os mais pronunciados e recorrentes no cotidiano da nossa vida.

E COMO DESCOBRIR OS NOSSOS TALENTOS NATURAIS?

O talento natural está intimamente ligado à geração de satisfação e prazer pessoal. Quando temos um dom muito pronunciado, geralmente o utilizamos em nosso cotidiano como forma de experimentar êxtases situacionais. Assim acontece comigo quando estou proferindo uma palestra ou mesmo ministrando um curso. Faço porque adoro isso, acima de tudo. E no meu caso há um componente emocional adicional que potencializa esse momento de verdadeiro êxtase existencial.

Invariavelmente, ao concluir uma exposição pública, vêm-me à cabeça as dificuldades de expressão que, outrora, me fizeram fugir da oratória como o *diabo da cruz*. Logo, saborear a sensação de enfrentamento, de superação e vitória pessoal é algo que nem um Mastercard, mesmo com limite de crédito ilimitado, seria capaz de comprar.

Peço a sua especial atenção, no entanto, para uma observação que julgo fundamental: o cuidado de saber discernir o talento pessoal do gosto pessoal. O cuidado deve estar na correta compreensão de um e de outro enfoque. Enquanto o talento pessoal sempre está atrelado ao gosto pessoal, a recíproca não é verdadeira. Ou seja, muitas vezes gostamos de realizar algumas coisas, tarefas ou funções, mas infelizmente não temos a aptidão para desempenhá-las.

Explico: adoro cantar. Tenho prazer em participar de *karaokê*, rodas de samba, pagode ou qualquer forma de expressão musical informal. Quando menino, inclusive, sonhava em ser vocalista de alguma banda de *reggae*, um dos meus estilos musicais favoritos. Porém, canto mal *pra caramba!* Desafino, erro o tom, enfim, sou um desastre como cantor. Logo, um caso típico de incongruência entre gosto pessoal e talento natural.

Minha sugestão, entretanto, é nunca abafarmos o usufruto dos nossos gostos pessoais. Recomendo, apenas, o cuidado para que eles sejam tratados como meros exercícios de prazer e satisfação íntima, nunca como diferencial competitivo de vida, entende?

Faça assim: você tem um gosto pessoal pronunciado, mas não sente nele a presença de um talento natural? Sem problemas, usufrua desse prazer e não prejudique o seu desempenho: trate-o como um *hobby* ou lazer. Eu, confesso, faço sempre assim. E me divirto muito com isso.

Descobrir talentos naturais, se analisarmos bem, não é um *bicho de sete cabeças*. É lógico que requer certo desprendimento para aceitar discernir aquilo em que somos bons de outros atributos em que somos deficientes, mas não considero algo muito complicado. É paciencioso, é verdade, reflexivo e analítico. Contudo, plenamente exequível a qualquer mortal. E nisso, os fundamentos já expressos da autogestão emocional são essenciais. Sem eles não conseguimos chegar a essas constatações. A capacidade de estimular o nosso senso observador para perceber os sinais das nossas principais saliências, positivas ou negativas, estão muito alicerçadas no autoconhecimento, autocrítica, autoestima e autoconfiança. Deixar a mente arejada, serena, lúcida e concentrada para a formulação de pensamentos corretos e isentos de passionalidade crítica, estabelecendo uma condição de análise racional sobre aquilo em que somos bons, e sobre o que não somos bons.

Uma mente influenciada por sentimentos negativos, como raiva, inveja, medo ou falta de confiança, desencadeia perturbação, tornando as percepções – e decisões – ineficientes e dissociadas da realidade. Sugiro que tenhamos como objetivo a capacidade de desenvolver o que o pensamento budista chama de **atenção vigilante**, definido como um estado de conscientização atenta e plena dos próprios atos, pensamentos e motivações, num trabalho profundo de observação de si mesmo, da realidade interna.

Isso significa dispor da capacidade de percebermos quando um sentimento negativo começa a influenciar nossos pensamentos. Igualmente é preciso o desenvolvimento da habilidade de impedir que os sentimentos negativos possam ser dominadores em nossa consciência. Assim descortinamos melhor nossas observações e, naturalmente, somos conduzidos a decisões mais bem elaboradas.

Um fator importante nessa descoberta é a *autoconfiança*. Mergulhar nos meandros internos da nossa personalidade é uma tarefa que exige controle emocional ante as evidências dos resultados. Obviamente, como acontece com todo mundo, chegaremos à conclusão de que temos coisas boas – algumas muito boas –, mas também constataremos a existência de pontos frágeis e alguns muito deficientes. Entender que não seremos menores ou inferiores por possuirmos fraquezas é a lição número um para quem deseja se conhecer melhor.

E tem mais: como somos muito críticos – talvez pela forte cultura do *não (não faz isso, não faz aquilo, etc.)* que nos acompanha desde os primeiros anos de vida – quase sempre conseguimos identificar as nossas fraquezas antes de percebermos os nossos talentos. Assim, percorrer o caminho da distinção dos atributos frágeis pode ser uma boa estratégia para chegarmos à percepção das nossas fortalezas. Quase sempre antagônicos nas suas composições, temos no oposto de cada um, talentos e deficiências, uma referência importante a essas descobertas.

Experimente esta equação: identifique os seus pontos considerados fracos e, a partir deles, procure os seus antônimos conceituais. Certamente, em alguns deles, observará evidências de talentos naturais muito salientes. E uma vez descobertos, você sentirá aumentar muito a sua autoconfiança.

Mas se ainda segue difícil descobrir os seus talentos, dê atenção aos seus sinais interiores.

DÊ ATENÇÃO AOS SINAIS INTERIORES...

Perceba com que **rapidez** você domina determinadas atividades e com que **facilidade** evolui na escala do seu aprendizado.

Observe com que destreza você adiciona **sacadas** e **soluções informais** que não estão em manual algum.

Analise o seu grau de **envolvimento** nessa atividade, se ela faz você perder a noção do tempo ou, ao contrário, olhar para o relógio é uma constante na realização dessa atividade.

Porém, ATENÇÃO!!!

"Cuidado para discernir **talento pessoal** de **gosto pessoal**."

Enquanto todo talento pessoal está atrelado ao gosto pessoal, a recíproca nem sempre é verdadeira...

Agora, se você, além de todos os sinais observados, em momento algum, pensar estar fazendo isso por dinheiro... então, para mim, não cabem dúvidas: estamos diante de muito provável talento pessoal.

E se você, em momento algum, pensar em fazer isso por dinheiro... Então, ponto-final.

Estamos diante de um **talento natural.**

Ok. Você ainda não está convicto da existência desse talento pessoal; ainda entende não ter encontrado esse ponto de partida à descoberta, então...

Ainda está difícil descobrir o ponto de partida para encontrar o caminho dos **talentos naturais?**

Então...

BUSQUE A COMPROVAÇÃO SENSORIAL...

No **olho que brilha**... na produção de **adrenalina que se eleva**... no **coração que dispara**... na **motivação que emerge**... e no imenso **prazer em fazer determinada atividade ou função.**

LAPIDANDO TALENTOS, CONSTRUINDO PONTOS FORTES

Bem, como já falei aqui, talento não é tudo. Longe disso. No entanto, é base para a construção dos pontos fortes. Assim, todo talento precisa ser lapidado no sentido de materializar, a partir dele, pontos fortes de cada pessoa.

Vamos imaginar uma engrenagem com elementos interligados e funcionando harmonicamente.

Estes elementos, resultantes em fundamentos, são: o conhecimento, o treinamento e o comportamento.

COMPORTAMENTO

CONHECIMENTO

TREINAMENTO

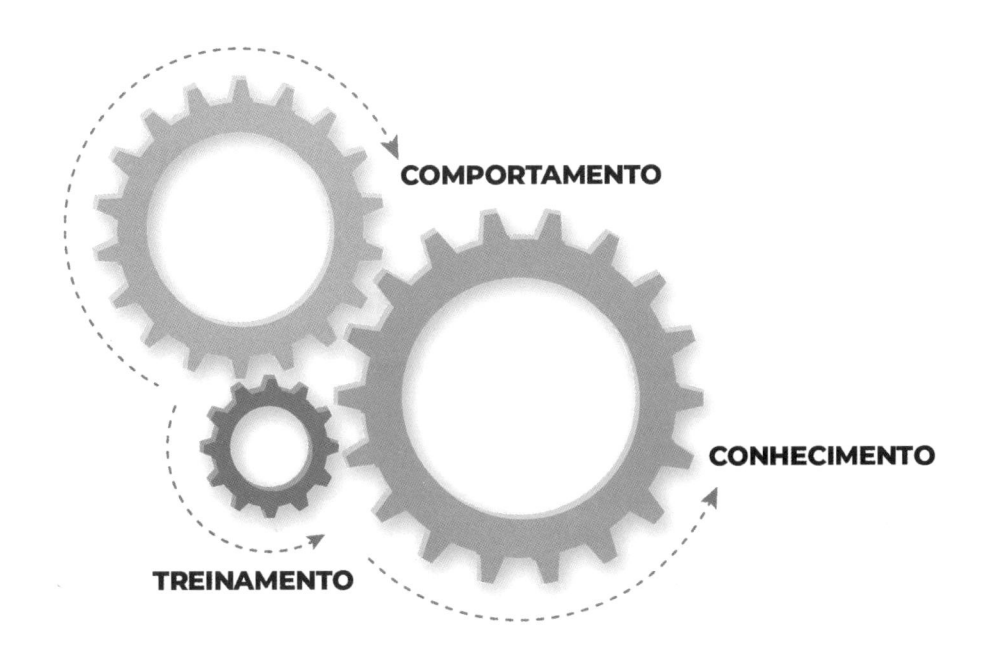

O conhecimento seria o universo de informações adquiridas por meio de estudos ou experiências que venham a ser utilizadas no sentido de dotar de mais qualificação o talento que ancora uma pessoa.

O treinamento seria a capacitação permanente das habilidades para a realização de tarefas dentro de padrões compatíveis com esse fim.

E o comportamento seria a presença de atitudes manifestas da personalidade em querer fazer uso do conhecimento e de habilidades para o exercício das tarefas mencionadas.

Esses três fundamentos é necessário que estejam bem engrenados. Se um deles for deficiente, irá comprometer o todo e prejudicar a transformação do talento em efetiva matéria-prima do ponto forte.

Portanto, investir no conhecimento, seja teórico, seja experiencial, é vetor fundamental para a lapidação do talento em direção ao ponto forte. Em igual valência, o treinamento, a qualificação e aperfeiçoamento das habilidades técnicas, experienciais e relacionais permite maior consistência à fluidez prática do conhecimento. Completando o tripé, temos o comportamento, elemento decisivo e indispensável à diferenciação pessoal. Ele molda e define a percepção dos outros sobre alguém.

C   **CONHECIMENTO**
Universo de **informações adquiridas** por uma pessoa por meio de **estudos ou experiências** que venham a ser utilizadas

T   **TREINAMENTO**
Capacitação de habilidades para a **realização de tarefas** dentro de **padrões de desempenho compatíveis** a esse fim

C   **COMPORTAMENTO**
Presença de um comportamento e atitudes manifestas da personalidade em **querer fazer uso dos conhecimentos e das habilidades** para o exercício das referidas tarefas

Olhando este quadro esquemático, podemos observar o talento como base de sustentação aos fundamentos CTC. Ele é a essência construtiva, mas em absoluto é autossuficiente para ser considerado um ponto forte. Necessita ser lapidado, qualificado e desenvolvido permanentemente para atingir tal condição.

E a lógica de definição tem no conhecimento o fundamento do saber; no treinamento, o saber fazer; e no comportamento, o querer fazer.

Uma elaboração conceitual que gosto de fazer acerca desses elementos eu sintetizo numa frase: "o talento, evidencia; o conhecimento, referencia; o treinamento, substancia; o comportamento, diferencia.

Não porque tenha feito a frase, mas confesso ver nela, sinteticamente, as principais valências de cada um desses elementos na construção da diferenciação pessoal.

O talento, por si, quando nítido à percepção dos outros, produz uma condição de evidência; não cabem dúvidas. O conhecimento dota a pessoa de lastro de conteúdo capaz de gerar uma referência perceptiva em determinado tema ou atividade. O treinamento reforça a aplicabilidade executiva do conhecimento, substanciando quem o pratica. Porém, a diferenciação efetiva vem em quem, aliando talento, conhecimento e treinamento, adiciona um comportamento adequado, motivações sobressalentes e uma paixão executiva que salta aos olhos de qualquer um.

Guarde também esta lógica corporativa: a contratação de alguém para uma atividade, serviço ou cargo é realizada com base na percepção do talento e do conhecimento. A demissão ou rescisão contratual é reflexo do comportamento.

o **talento**, evidencia;
o **conhecimento**, referencia;
o **treinamento**, substancia;
o **comportamento**, diferencia.

FAZENDO DA DIFERENCIAÇÃO A GRANDEZA PESSOAL

Considero que a diferenciação de alguém – especialmente no concorrido ambiente profissional – deva estar mais atrelada à capacidade que este desenvolve em conseguir gerar vantagens competitivas em relação a outros.

Potencializando pontos fortes em
vantagens competitivas pessoais
⬇
DIFERENCIAÇÃO PESSOAL
⬇
GRANDEZA PESSOAL

A grandeza pessoal é um estágio de percepção situacional alcançada a partir da sublimação dos nossos pontos fortes. Ela ocorre quando os posicionamos como referenciais permanentes na condução das nossas vidas. Algo capaz de transformar eventual dor ou frustração em verdadeira realização pessoal, relevância ou contribuição para um novo panorama de vida, seja no trabalho, no ambiente social e familiar ou, simplesmente, na condução do nosso cotidiano existencial.

A chave desse processo pode estar na descoberta da nossa *voz interior*, ou, como expressa Stephen Covey, autor do livro *O 8.º Hábito – da Eficácia à Grandeza* – na única palavra capaz de exprimir o caminho em direção à grandeza pessoal. Ele sublinha que "todos nós temos o poder de decidir viver uma vida notável – ou até mesmo simples – de não ter apenas um bom dia, mas um grande dia". Não importa o tamanho de tempo que já utilizamos para seguir determinado caminho em direção à mediocridade; sempre poderemos escolher trocar essa trajetória.

A chave da **GRANDEZA PESSOAL** pode estar na descoberta da

VOZ INTERIOR

⬇

"A única palavra capaz de exprimir o caminho em direção à grandeza pessoal"

Stephen Covey, autor de *O 8º Hábito – da Eficácia à Grandeza*

E QUAL A FORMA PARA CHEGARMOS À NOSSA VOZ INTERIOR?

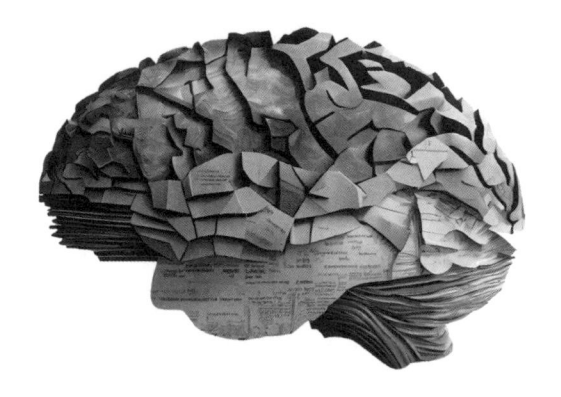

A fórmula para chegarmos à nossa voz interior? Bem, devemos compreender os nossos dons de nascença – ou os **talentos naturais**, já referidos em páginas anteriores – e desenvolvê-los cultivando a harmonia entre as mais elevadas manifestações da inteligência humana: a visão, a disciplina, a consciência e a paixão.

Visão, disciplina, consciência e paixão são sínteses derivativas do que Stephan Covey explica serem os quatro tipos de inteligência humana: a mental, a física, a espiritual e a emocional, correspondentes às quatro partes da natureza humana, simbolizadas respectivamente pela mente, pelo corpo, pelo espírito e pelo coração.

A cada uma dessas partes corresponde uma capacidade de inteligência, inerente a todos, sem exceção. Em alguns, umas mais desenvolvidas; em outros menos; em todos, porém, surgem presentes essas quatro inteligências.

Quando pensamos em inteligência, a primeira associação que fazemos é com a **inteligência mental** – mais conhecida por QI – que expressa uma métrica de avaliação da nossa capacidade de raciocinar, de abstrair, de analisar, visualizar e compreender dados e informações, transformando-as em linguagens.

Embora relevante – e historicamente referencial a deduções avaliativas sobre inteligência –, sozinha ela assume papel limitado e insuficiente à caracterização plena do estágio de diferenciação pessoal.

A **inteligência física** refere-se à inteligência do nosso corpo. Algo que a grande maioria das pessoas revela ter ciência, mas na prática a realidade é outra, pois negligenciamos na atenção a ela dada, esquecendo-nos dos males que isso nos causa ao longo do tempo.

A **inteligência espiritual** é hoje muito recorrente nos estudos e debates filosóficos e psicológicos. Ela representa aquilo que nos impulsiona em direção ao significado e à ligação com o infinito.

Por fim, complementando o quarteto de inteligências humanas, temos a **inteligência emocional**, aquela responsável pela dotação da nossa capacidade de nos comunicarmos com as outras pessoas, especialmente no desenvolvimento do autoconhecimento, da autoconsciência, da empatia e da sensibilidade social.

*"Detectar e compreender os **nossos dons de nascença** (talentos naturais) e desenvolvê-los cultivando a **harmonia** entre as mais elevadas manifestações das **múltiplas inteligências humanas.**" (Stephen Covey)*

Inteligência mental = mente

Métrica que expressa a nossa capacidade de raciocinar, abstrair, analisar, visualizar e compreender dados e informações, transformando-os em linguagens

Inteligência física = corpo

Métrica que mensura a atenção e a importância que damos ao nosso corpo

Inteligência espiritual = espírito

Métrica que avalia aquilo que nos impulsiona em direção ao significado e a nossa ligação com o infinito

Inteligência emocional = coração

Métrica que reflete a nossa capacidade de nos comunicarmos com as pessoas, especialmente no desenvolvimento do autoconhecimento, da autoconsciência, da empatia e da sensibilidade social

Potencializar nossos pontos fortes passa pelo desenvolvimento harmônico desses quatro vetores de inteligências. Como decorrência desse objetivo, resultará um acréscimo de confiança, uma força superior e uma segurança interior capaz de nos proporcionar exercer na plenitude os benefícios dos nossos talentos pessoais. Assim, viveremos de maneira mais equilibrada e consistente.

COMO HARMONIZAR, ENTÃO, ESSAS INTELIGÊNCIAS?

COMO UTILIZÁ-LAS NO CAMINHO À DIFERENCIAÇÃO PESSOAL?

COMO BUSCAR, NA PRÁTICA, O EQUILÍBRIO DESSE EXERCÍCIO?

Bem, a receita dada por Stephen Covey no seu livro *O 8.º Hábito*, parece-me muito apropriada para a dinâmica desse equilíbrio. Ele sugere a aplicação sistemática da seguinte imaginação filosófica de vida:

a) Para o corpo, imagine que você tenha sofrido um ataque cardíaco, ok? Então, agora, viva a sua vida com uma conduta física compatível com essa situação.

b) Para a mente, imagine que o tempo de vida médio da sua profissão mude substancialmente a cada dois anos, ok? Então, agora, prepare-se pessoal e profissionalmente em função disso.

c) Para o espírito, imagine que você tenha um encontro pessoal com o seu criador a cada mês, ok? Então, agora, construa a sua rotina existencial tendo esse compromisso em mente.

d) Para o coração, imagine que uma outra pessoa possa estar ouvindo tudo o que você fala dela, ok? Então, agora, interaja com ela – e com os outros – de acordo com essa possibilidade.

Aplicação sistemática da seguinte filosofia de vida à grandeza humana...

Para o corpo, imagine que você tenha sofrido um ataque cardíaco e sobrevivido sem maiores sequelas, ok? Então, agora, viva sua vida com uma **conduta física compatível** com essa situação.

Para a mente, imagine que o tempo de vida médio da sua profissão seja de dois anos, ok? Então, agora, **prepare-se pessoal e profissionalmente** em função disso.

Para o espírito, imagine que você tenha um encontro pessoal com o seu criador a cada mês, ok? Então, agora, **construa a sua rotina existencial tendo esse compromisso em mente.**

Para o coração, imagine que uma outra pessoa possa estar ouvindo tudo o que você fala dela, ok? Então, agora, **interaja com ela de acordo com essa possibilidade.**

Quando analisamos a trajetória de grandes realizadores – pessoas que exerceram significativa influência sobre outras, que proporcionaram contribuições significativas à humanidade ou, simplesmente, fizeram as *coisas acontecerem* – encontramos um padrão que, na grande maioria dos casos, revela uma enorme expansão dos quatro tipos inatos de inteligência.

Nesse enfoque, encontramos em cada uma das inteligências um meio principal de manifestar a essência da sua aplicabilidade.

Na *mental*, o referencial é a capacidade de visão que cada indivíduo tem de enxergar um estado futuro com o olho da mente; na *física*, a disciplina necessária à execução, ao fazer acontecer e concretizar o projetado pela visão; na *espiritual*, a lei moral interior determinada pela consciência, independente de religião, credo, cultura ou raça; e na *emocional*, a nossa voz interior da paixão, capaz de energizar e conferir impulso à nossa vida, dando-nos força para seguir mesmo quando tudo tenta nos levar a desistir.

Assim, transformar excelência em diferenciação é potencializar nossos pontos fortes, agregando-lhes a capacidade de visão, a disciplina executória, a consciência moral e a força da paixão no contexto holístico da nossa vida.

Em síntese, essas quatro palavras correspondem ao que entendo serem os elementos determinantes à potencialização dos nossos pontos fortes em direção à diferenciação pessoal. Uma vez descobertos os talentos e eles transformados em pontos fortes, cabe, a cada um de nós, maximizá-los com a nossa voz interior, dotando-os de visão, disciplina, consciência e paixão, atributos indutores à geração de vantagens pessoais efetivas, percebidas e, sobretudo, valorizadas no ambiente competitivo em que estejamos inseridos.

A aplicabilidade das **quatro inteligências** na construção da **DIFERENCIAÇÃO PESSOAL**

Na mental, a capacidade de **visão** para enxergar um estado futuro com o olho da mente

Na física, a **disciplina** necessária à execução, ao fazer acontecer e concretizar o projetado pela visão

Na espiritual, a lei moral interior determinada pela nossa **consciência,** independente de religião, credo, cultura ou raça

Na emocional, a nossa voz interior da **paixão**, capaz de energizar e conferir impulso à nossa vida, dando-nos força para seguir, mesmo quando tudo tenta nos levar à desistência

Ok. Mas como desenvolvemos esses referenciais de aplicabilidade para **potencializar a nossa voz interior**?

CONEXÕES REFLEXIVAS À CONSTRUÇÃO DA GRANDEZA PESSOAL

E como desenvolvemos esses **referenciais de aplicabilidade** para potencializar a nossa
VOZ INTERIOR?

Uma forma interessante de assim proceder seria por meio da construção reflexiva do nosso sentido de vida. E a lógica para isso é simples: *encontrar respostas táticas para perguntas estratégicas.*

A lógica é simples:
Encontrar **respostas táticas** para quatro **perguntas estratégicas**

⬇

VISÃO
DISCIPLINA
CONSCIÊNCIA
PAIXÃO

Explico: em cada um dos elementos indutores à diferenciação pessoal deveremos ter uma pergunta-chave que desencadeie perguntas derivativas e, consequentemente, respostas elucidativas às autoindagações propostas.

VISÃO
Onde eu quero chegar?

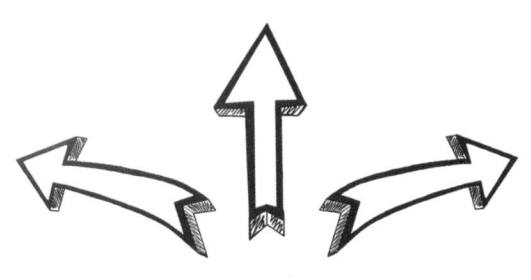

Em que lugar profissional desejo estar daqui a determinado tempo? O que sonho para mim nesse lugar?

Por exemplo, ao pensarmos em *visão*, necessariamente estamos intuindo a necessidade de determinar objetivos, especialmente os de longo prazo. Logo, definir o nosso sentido de *visão* implica autorresponder uma indagação simples e direta: *onde eu quero chegar?*

Em que lugar profissional almejo estar daqui a um determinado tempo? O que sonho para mim nesse lugar?

Sobre isso, simpatizo muito com uma constatação expressa pelo querido amigo Arthur Bender, autor do livro *Personal Branding*, onde cita que "se não sabemos para onde ir, vamos para qualquer lugar". E isso é uma dura realidade. Se não tivermos uma visão clara sobre o que queremos, aportaremos o nosso talento em qualquer lugar, até mesmo em lugares certos. Porém, na maior parte das vezes, caminhamos em direção ao nada. Algo, por exemplo, como jogar na loteria; tentamos uma vida inteira e, no final, colocamos a culpa na danada e maldita sorte. Não é mesmo?

Quem tem visão, tem futuro, quem não tem, tem destino. Que até pode ser bom, mas é destino. O dito *deixa a vida me levar* pode ser muito bacana em letra de música, já na vida... não é bem assim.

Onde queremos chegar? Eis aí, nesta pergunta, o foco da visão, ponto de partida para a diferenciação pessoal.

ONDE EU QUERO CHEGAR?

O ponto de partida para a grandeza pessoal

Uma vez que consigamos definir onde queremos chegar, precisamos identificar como faremos para lá chegar? Ou seja, como nos disciplinamos para atingir os nossos objetivos? Quais os passos processuais que devemos estabelecer? Qual o planejamento desenvolvido para esse fim? Isso tudo é disciplina pessoal a serviço da diferenciação. Sem ela perdemos tempo – não raras vezes dinheiro – e tornamos muito mais lento e difícil o percurso à concretização da visão.

DISCIPLINA
Como fazer para lá chegar?

Como nos disciplinamos para atingir nossos objetivos?
Quais os passos processuais que devemos estabelecer?
Qual o planejamento desenvolvido para esse fim?

E quem é meio desorganizado, como faz para ter essa disciplina?

Embora possam ter algum parentesco conceitual, *organização* e *disciplina* em absoluto são sinônimos. Organização, em si, traduz-se em definição passível de várias interpretações. É como vimos com a inteligência: não existe apenas uma forma de conceituá-la. Organização também possibilita multiplicidades conceituais. O que é ser organização para alguém não significa ser o mesmo para outro. Você concorda?

O fio condutor do conceito, no entanto, deve estar na capacidade que temos de executar um processo capaz de nos levar a objetivos pré-definidos. A forma, o método ou o fluxo operacional de como fazer é variável de pessoa para pessoa.

Assim, quando me refiro à disciplina como elemento indutor à diferenciação pessoal, atrelo-a mais ao foco executório que devemos dar na busca dos nossos objetivos definidos na visão. Vejo isso muito mais sob o caráter da perseverança prática do treinamento e aperfeiçoamento, no esforço e na resiliência pessoal do que sob o enfoque metodológico propriamente dito. No entanto, mais do que crível, faz-se óbvio entender que adicionar método ao contexto facilita, em muito, chegarmos onde queremos.

Como chegar? Esta é a pergunta que orienta a materialização da diferenciação pessoal.

Uma vez que saibamos *onde queremos chegar* e estabelecemos procedimentos de *como faremos para lá chegar*, devemos ter a consciência do porquê chegar.

CONSCIÊNCIA
Por que eu quero lá chegar?

Quais os valores éticos que me conduzem a chegar lá?
Quais as razões que me levam a querer esses objetivos?
Quais os sacrifícios que devo passar para chegar lá?

O desenvolvimento do elemento *consciência* no processo de construção da diferenciação pessoal passa, necessariamente, pelas respostas dadas às razões que nos levam a perseguir esse objetivo, como também pelos valores éticos, morais e comportamentais norteadores na condução desse percurso.

A consciência é uma espécie de lei moral interior. Muitas vezes, ela nos exige sacrifícios na subordinação do nosso eu a um determinado propósito, a uma causa ou outro princípio mais elevado.

Não raras vezes, o exercício da consciência significa termos de renunciar a algo bom em favor de algo melhor. Difícil e profundo esse exercício. Requer autoconfiança, maturidade e, sobretudo, segurança intuitiva. Resgatando novamente os fundamentos de Stephen Covey sobre a consciência, gosto muito desse encordoamento conceitual, no qual cita que o sacrifício pode assumir muitas formas conforme se manifeste nas quatro dimensões da nossa vida: no corpo, por meio de sacrifícios físicos ou econômicos; na mente, cultivando um estado de permanente abertura, investigação e descarte de preconceitos; no coração, mostrando profundo respeito e amor pelos outros; no espírito, subordinando a nossa vontade a uma vontade mais alta, para o bem maior.

Por que eu quero lá chegar?

A pergunta que estabelece o sentido na busca dos nossos objetivos (senso de missão)

Por que eu quero chegar? Esta é a pergunta que estabelece o sentido na busca dos nossos objetivos e estimula a percepção consciente da diferenciação pessoal. E isso é senso de missão.

Visto *onde queremos chegar*, disciplinados em *como faremos para chegar* e conscientes do *por que queremos chegar,* resta-nos responder *o que nos move a lá chegar?*

Esta é a pergunta-referência do atributo *paixão*: *o que me faz lá chegar?* Quais as minhas motivações para seguir em frente? Quais as minhas fontes de otimismo, de entusiasmo e de esperança para chegar aos meus objetivos?

PAIXÃO
O que nos move a lá chegar?

Quais as motivações para seguir em frente?
Quais as minhas fontes de otimismo, de entusiasmo e esperança para chegar aos meus objetivos?

Paixão é um sentimento manifesto por conexões emocionais alimentadas por impulsos constantes. Ela nos desencadeia o entusiasmo, fator preponderante para nossa capacidade de escolha e o fomento permanente da visão e da disciplina.

> **O que me move a lá chegar?**
>
> A pergunta que revela um sentimento capaz de unir a vida, o trabalho, o lazer e o amor, como se tudo fosse a mesma coisa.

Algo que nos energiza para a vida e nos impulsiona aos nossos ideais. Aquilo que nos move a seguir em frente quando tudo parece sinalizar para a nossa desistência. Sei lá, um sentimento como se fosse amálgama, capaz de unir vida, trabalho, lazer e amor, tudo como se fosse a mesma coisa, entendem? Isso é paixão.

MARCA PESSOAL:
A SUBLIMAÇÃO DA DIFERENCIAÇÃO EM GRANDEZA PESSOAL

Uma vez estabelecida essa percepção de diferenciação pessoal, e a consequente grandeza, o próximo passo é a sublimação desse conceito: a marca pessoal, que, como afirmei lá no início, sublima a dimensão que proporciona à diferenciação um *status* de grandeza pessoal ou, popularmente falando, a condição de ser reconhecido, ou reconhecida, como *o cara*, ou *a cara*!

A sua construção é permanente, feita principalmente de pequenos gestos cotidianos que vão deixando marcas efetivas da nossa personalidade, do nosso comportamento, da nossa existência. Gosto muito de uma frase que escutei do João Satt, um talentoso publicitário brasileiro: tudo o que marca, faz marca. Assim, somos nós os únicos responsáveis por fazer a nossa marca trabalhar por nós.

MARCA PESSOAL
A efetiva dimensão da grandeza pessoal

"Tudo o que marca, faz marca."

Porém, o que tonifica a condição da sua grandeza pessoal é a construção do maior patrimônio que um ser humano pode desfrutar: a **reputação** da sua marca pessoal.

Reputação independe de status social, cultural ou econômico. Basta observarmos algumas marcas pessoais que circundam o nosso cotidiano. Em geral, são pessoas comuns fazendo coisas incomuns.

Arthur Bender, anteriormente por mim já citado – e um dos mais competentes especialistas brasileiros em gestão de marcas, com muita propriedade diz que "a reputação é algo tão difícil de construir como fácil de destruir". Nada mais correto, pois, não raras vezes, chega-se a levar uma vida inteira para ser alguém, enquanto poucos segundos de deslizes podem produzir máculas inapagáveis, capazes de fazer esse alguém voltar ao obscuro *status* de ser ninguém.

Reputação é resultado de um conjunto de atributos que, combinados e harmônicos, constroem o conceito de alguém dentro do ambiente social em que ele vive. Reflete a consideração dada por terceiros à conduta pessoal e profissional, gerando estigmas ou estado de prestígio, positivo ou negativo, que acompanha a trajetória existencial de cada indivíduo.

REPUTAÇÃO
A essência da marca pessoal

★★★★★

Reputação é resultado da tradução do **sentimento dos outros em relação a você.**

Reputação é o que tonifica a condição da diferenciação.
Reputação é o maior patrimônio que um ser humano pode desfrutar.
Reputação independe de *status* social, cultural ou econômico.
"Reputação é algo tão difícil de construir como é fácil de destruir."

Importante refletir que a reputação é uma variável estabelecida a partir de percepções dos outros, e não das nossas próprias convicções. Em outras palavras, você não é o que pensa ser, sim o que os outros percebem você ser. Daí a conclusão de que reputação é a tradução do resultado do sentimento dos outros em relação a você. Em todos os sentidos analíticos críveis de serem qualificados.

Elementos estruturantes da **REPUTAÇÃO**

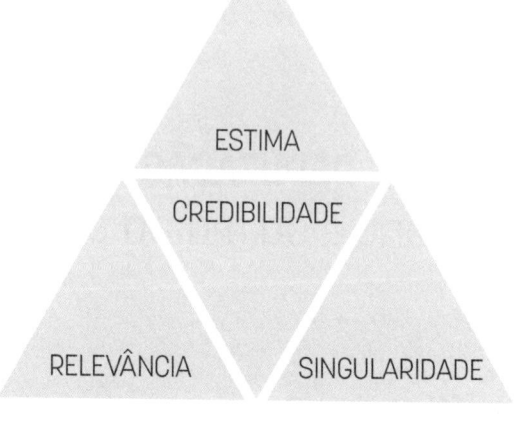

ESTIMA
CREDIBILIDADE
RELEVÂNCIA   SINGULARIDADE

No processo de construção da reputação de uma marca – seja ela pessoal ou empresarial – podemos considerar quatro elementos estruturantes.

CREDIBILIDADE
Sentimento gerado a partir da percepção de:

Caráter
Saber o que é certo, desejar fazer o que é certo e fazer o que é certo.

Congruência
Palavras alinhadas às ações. Verdades são ditas e promessas são cumpridas.

Competência pessoal
Conhecimento e aptidão em determinado assunto.

Comprometimento situacional
Entrega pessoal e incondicional a determinada causa, tarefa ou objetivo.

O primeiro elemento estruturante da reputação é a credibilidade. Um sentimento gerado a partir da percepção de caráter (saber o que é certo, desejar fazer o que é certo e fazer o que é certo), competência pessoal (conhecimento e aptidão para determinado assunto ou atividade), congruência entre o falar e o fazer (palavras alinhadas às ações, verdades ditas e promessas cumpridas) e comprometimento situacional (entrega pessoal e disponibilidade incondicional a determinada causa, tarefa ou objetivo).

– Confiança é tudo?

Não chegaria a ser tão sintético e definitivo. Mas se não for tudo, no mínimo, a confiança é base de tudo.

Veja, por exemplo, este caso cujo conteúdo, sempre que pertinente, gosto de referir em minhas palestras. Assim, coloco-o também aqui no livro. O fato já faz tempo, mais de 10 anos, mas é daquelas histórias memoráveis e que, neste caso, exemplifica bem o conteúdo que refiro sobre a construção de confiança e o impacto disso na reputação pessoal.

Eu estava em São Paulo para uma reunião profissional que, imaginei, entraria algumas horas da noite. Sendo assim, previamente, programei meu retorno a Porto Alegre, cidade onde resido, para a manhã do dia seguinte. Terminado o encontro, antes de me dirigir ao hotel, dei uma passada em um *shopping center* próximo, para, além de fazer um rápido lanche, dar uma espairecida mental após longas cinco horas de ininterrupta reunião.

Chegando ao *shopping*, resolvi fazer aquela caminhada espiral básica, escolhendo lojas, que, uma a uma, mostravam vitrines cuidadosamente decoradas e temáticas com motivos futebolísticos. Afinal, estávamos em época de Copa do Mundo. As lojas se sucediam quando me deparei com uma ótica muito bem-ambientada e, principalmente, com variada gama de produtos à disposição de compra.

Em tempo: preciso admitir ser fascinado por óculos. Pessoalmente, embora os necessite para corrigir uma hipermetropia associada a um astigmatismo permanente desde a infância, compro-os em quantidade muito acima do normal, tamanha a atração que tenho pela diversidade de formatos, cores ou outras composições estéticas.

Bem, voltando ao universo da ótica referida, ao olhar um modelo muito interessante exposto em prateleira de vidro suspensa, estrategicamente iluminada com lâmpadas dicroicas, produzindo suaves fachos incidentais, fiquei vivamente interessado em um determinado modelo. Rapidamente, dirigi-me a uma vendedora jovem e sorridente, que, com o olhar esperto e sinuoso, constatava a fixação que tenho por esse tipo de produto.

– *Boa noite, percebo que você ficou interessado neste modelo*, disse-me a jovem apontando o indicador com unha bem pintada àquele que realmente havia me interessado.

– É verdade. Gosto muito de óculos e este é um modelo bem diferente em relação a outros que possuo. Poderia experimentá-lo?

Preço negociado, condição de pagamento definida, fiz uma última exigência, antes de confirmar a compra:

– Por favor, utilize o grau desses óculos que estou usando para fazer as novas lentes. Enquanto eu vou jantar ali na praça de alimentação, você manda confeccionar e, dentro de uma hora, eu retorno para pegá-los.

Comprador contumaz de óculos, sei que muitas lojas já contam com recursos técnicos para copiar instantaneamente o grau de um par de óculos para outro, bem como produzi-lo em minutos para entregá-lo ao cliente.

– *Desculpe, mas infelizmente o equipamento que produz as lentes está apresentando defeito e não tenho como fazê-las agora. Assim, por favor, diga-me o seu endereço que providencio a entrega amanhã até o final da tarde.*

Gostei da sinceridade da jovem vendedora ao admitir o defeito do equipamento. Também apreciei a sua solicitude em querer saber o meu endereço para promover a entrega domiciliar. Igualmente, desde o início da minha conversa, percebi nela bons conhecimentos sobre óculos, estilos e tendências mundiais no segmento. Mas, havia um problema a ser solucionado: eu estava com embarque agendado para as 10h30 da manhã do dia seguinte e, dessa forma, não poderia esperar até a tarde para receber o produto. Talvez pudesse levar os óculos sem as lentes e providenciá-las, posteriormente, em Porto Alegre. Porém, frustrado por não conseguir tê-los prontos naquele momento, disse-lhe que não iria comprá-los, deixando a aquisição para outra oportunidade.

— *Por favor, deixe-me fazer uma proposição,* disse ela com firmeza, convicção e segurança. E continuou: *notei que você gostou dos óculos e, para mim, isso é o que mais importa neste momento. Percebi, também, que você é daquelas pessoas que ao comprar um produto gosta de tê-lo disponível para uso imediato. Sendo assim, gostaria de fazer um esforço pessoal para tentar atendê-lo e entregar o produto até amanhã antes do seu embarque. Dê-me um voto de confiança. Prometo fazer de tudo para até as 10h30 entregar-lhe os óculos na sala de embarque do aeroporto.*

Pensei comigo: positiva essa menina! Além de competente, solícita e franca, passa uma segurança propositiva rara em profissionais com a sua idade. Gostei, vou dar uma chance para ela comprovar que pode resolver o problema.

— Ok, gostei do seu posicionamento. Espero a entrega no aeroporto de Congonhas até as dez e meia de amanhã. Como faço para pagar, pois quero fazê-lo no cartão?

Ela voltou a responder com convicção:

— *Sem problemas. Não precisa pagar nada agora. Amanhã, no horário combinado, eu levo o produto e acertamos tudo no local. Caso eu não esteja lá, a venda fica desfeita. Quero, apenas, os seus dados para que possa preencher a nota fiscal e entregá-la junto amanhã pela manhã.*

No outro dia, 10h30, estava me dirigindo ao salão de embarque quando, ao me aproximar da porta, vislumbrei uma menina sorridente. Ao me avistar, fez um leve aceno de mão e, suavemente, ergueu o pacote onde, interpretei, estavam os meus óculos com as lentes colocadas.

Indo ao seu encontro, fui direto perguntando:

— *E então, tudo certo?*

— *Exatamente como havia me comprometido,* respondeu-me ela, enquanto com uma das mãos, me entregava a caixinha com os óculos, induzindo-me gentilmente a experimentá-lo.

– *Aqui estão os óculos. Por favor, experimente para vermos como ficou,* continuou com voz macia e envolvente.

Enquanto acondicionava o par de óculos nas minhas orelhas desnudas – à época usava um corte de cabelo curtíssimo, ao melhor estilo *escovinha*, deixando-as totalmente à mostra – ela introduziu a mesma mão dentro da sua bolsa, retirando do seu interior um minúsculo aparato, que, em desdobramentos sequenciais, transformou-se em um prático espelho portátil.

– *Veja com os seus próprios olhos se ficou como imaginava.*

Incrédulo, esbocei um leve e contido sorriso, misto de satisfação visual com o medo – ou a vergonha – de que alguma pessoa por mim conhecida, em eventual deslocamento para o mesmo embarque, pudesse assistir àquela insólita cena, onde um homem de um metro e oitenta se observa, ridiculamente, frente a um minúsculo espelho feminino, normalmente usado para retocar a maquiagem.

Ao perceber a minha situação desconfortável, mas ciente de que eu havia gostado do resultado, ela resolveu abreviar o meu sofrimento ante o risco de exposição indevida e finalizou:

– *Por favor, permita-me dispor do seu cartão de crédito para que possa concluir o que havia me comprometido,* disse-me ela enquanto, decididamente, retirava da sua surpreendente bolsa uma máquina manual de cartão de crédito, pois naquela época, infelizmente, não havia PIX.

Uma verdadeira aula de como construir confiança relacional. Um atendimento completo, onde verdades foram ditas, promessas cumpridas, competência demonstrada, disponibilidade oferecida e, acima de tudo, comprometimento situacional estabelecido.

Quer saber mais? Passado menos de um mês dessa compra, o pagamento do cartão ainda nem havia vencido e, novamente, sobrou-me um tempo em São Paulo para visitar o *shopping*. Adivinha qual a primeira loja a que me dirigi ao chegar no local? Desnecessário dizer, não é?

Se a *confiança* é base para a *reputação*, outros atributos são também constituintes e, igualmente, importantes na sua estruturação. Refiro-me à necessidade da *singularidade* perceptiva, à *relevância* mensurada e à *estima* que os outros concedam ao que somos.

SINGULARIDADE
Representa a capacidade de sermos circunstancialmente **únicos na mente das pessoas.**

Adjetivos sobressalentes da nossa personalidade, do nosso desempenho ou, simplesmente, referências destacadas da **nossa maneira de ser, pensar e agir.**

A singularidade reflete a capacidade de sermos circunstancialmente únicos nas mentes das pessoas. Algo como dispor da prevalência de uma ou mais palavras na mente do mercado, expresso por um ou mais adjetivos capazes de espelhar identidades sobressalentes da nossa personalidade, do nosso desempenho profissional ou, simplesmente, sendo referências destacadas da nossa maneira de ser, pensar e agir.

Procure imaginar pessoas diversas: amigos, celebridades, ídolos ou mesmo desafetos e, neles, tente encontrar adjetivos que traduzam como você os define. Este é um exercício interessante, pois encontraremos expressões qualitativas que indicam identidades salientes de cada um. A singularidade surge quando esse conjunto de ícones idiomáticos sobre alguém reflete algo único ou, no mínimo, pouco comum.

Agora, faça outro exercício reflexivo. Imagine consigo quais seriam os seus adjetivos identificadores. Liste-os e guarde-os. Após, escolha algumas pessoas para que façam o mesmo sobre você. Peça-lhes que definam como percebem você por meio de adjetivos emblemáticos. Isso feito, compare os adjetivos citados: os seus sobre você *versus* os deles sobre você. Além de descobrir as possíveis nuanças de suas singularidades e a percepção destas por meio de terceiros, essa prática serve também como excelente ferramenta de consolidação do autoconhecimento. Sem dúvida, excelente ferramenta para conhecer e interpretar as nossas possíveis singularidades.

Bem, se confiança e singularidade influenciam na nossa reputação, o mesmo ocorre com a relevância, que os outros percebem sobre o que somos e o que representamos em determinados contextos ou circunstâncias. Na realidade, a diferença advinda da singularidade precisa fazer sentido – e, sobretudo, valorizada – aos olhos de quem a percebe. Ou seja, a singularidade decorrente da diferença somente será considerada vantagem competitiva quando acrescida da percepção de valor a essa condição. Esta talvez seja uma boa explicação para o porquê de a *diferença*, em si, não assegurar a *diferenciação* pessoal.

No jogo de palavras – *diferença* e *diferenciação* –, a singularidade necessita de significância para integrar o conjunto de elementos estruturantes da reputação.

Eu costumo brincar que a singularidade é algo que me acompanha por toda a vida. Afinal, sou gago desde criança e, portanto, diferente do padrão normal de fala. E hoje percebo que, em vez de me vitimizar com a anomalia fonética, fiz dela certa significância à minha singularidade. Afinal, no universo dos palestrantes, sendo gago, sou no mínimo singular (*risos*).

RELEVÂNCIA

Valor percebido do que somos ou representamos para determinados contextos ou circunstâncias

Relevância = percepção de valor
Capacidade de transformar a *diferença* em *diferenciação*

Relevância está intimamente ligada ao conceito de percepção de valor, muito utilizado no contexto de análises mercadológicas. Assim, sob essa ótica, faz-se possível, também, analisar os atributos de relevância de uma marca pessoal dentro do contexto de marketing de produtos ou serviços. Afinal, a essência é a mesma: alguém (empresa ou indivíduo) criando valor percebido ao outro (cliente ou interlocutor).

Refiro-me ao valor no sentido amplo da palavra; algo que possa ser desejado e interpretado como de utilidade efetiva na percepção desse outro; um benefício, um conhecimento, um posicionamento, uma opinião ou mesmo frase. Enfim, algo em que valha a pena investir tempo, atenção e até dinheiro para desfrutá-lo.

A primeira habilidade importante para construir essa relevância é a empatia, ou a capacidade que precisamos ter de saber nos colocarmos no lugar do outro. A empatia não significa simpatia, muito embora o fato de ser simpático possa ser uma virtude apreciável no contexto da atração e persuasão de terceiros.

Ser empático significa entender as pessoas e, muito especialmente, os seus focos. Representa conhecê-las melhor, os seus problemas, as suas necessidades, as suas vulnerabilidades, as suas fortalezas, ou seja, a empatia é a chave para melhor entender e tratar os pensamentos, sentimentos e peculiaridades do ser humano. Afinal, a única maneira de aumentar o nosso valor para os outros é nos tornarmos mais valiosos para eles; e a única maneira de tornar-se mais valioso é conhecendo-os melhor e satisfazendo-os de uma forma muito melhor do que qualquer outra pessoa possa fazê-lo.

A segunda valência constituinte da relevância é o conhecimento de causa, seja ele alicerçado em bases teóricas ou práticas. Uma imagem pessoal consistente pressupõe múltiplas habilidades e performances, mas nenhuma delas prescinde a competência do domínio teórico e prático sobre o que estamos nos propondo enquanto marca pessoal e, obviamente, do nível de conhecimento necessário à caracterização dessa situação. E, naturalmente, o lastro fundamental dessa competência é a densidade de conhecimento que uma pessoa deve ter para possuir essa condição.

Ninguém consegue ser competente se não tiver o conhecimento necessário para exercer essa competência. Não estou falando do conhecimento acadêmico, embora a academia seja, ainda, um logradouro indiscutível à obtenção de conhecimento. Mas, particularmente, refiro-me ao conhecimento no sentido mais amplo de absorção de informações e, especialmente, na aplicabilidade prática decorrente das suas utilizações.

A relevância também tem muito a ver com concretude, outro ingrediente na composição da reputação de uma marca pessoal. A concretude é uma das qualidades essenciais da aderência de uma ideia às pessoas. Algo é considerado concreto quando se consegue analisá-lo por meio de seus sentidos. Por exemplo, a potência do motor de um determinado automóvel é concreta; o seu alto desempenho é abstrato. A linguagem costuma ser abstrata; mas a vida nunca é abstrata.

Até mesmo uma estratégia de interações ou relacionamentos mais abstratos, quando formatada à compreensão e execução, deve ser revelada nas ações concretas dos seres humanos, pois a abstração dificulta a compreensão de uma ideia e, especialmente, a sua fixação.

A utilização empresarial dos métodos de treinamentos experienciais, por exemplo, é uma evidência da necessidade de concretude, inclusive, no ambiente do ensino-aprendizado, marcadamente um universo gravitado por fundamentos teóricos.

Capacitações vivenciais, por exemplo, são muito utilizadas no aprimoramento pessoal e profissional dentro das organizações empresariais. Sem dúvida, um bom exemplo do uso da concretude como elemento facilitador à concepção de relevância.

ESTIMA
Reconhecimento adquirido e carinho obtido ao longo da nossa trajetória pessoal

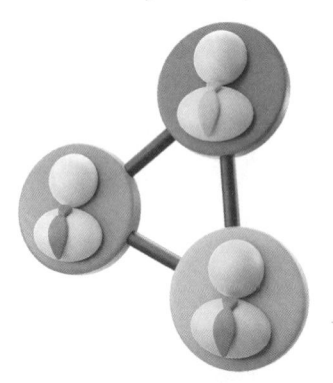

Networking
Credibilidade | Relevância | Afinidade | Generosidade

⬇

Comunicação boca a boca | Buzzmarketing
Desconfirmação de expectativas | Fator surpresa

Completando os atributos edificantes da reputação da marca, incluo o reconhecimento adquirido e o carinho por ela obtido ao longo da sua existência. Aquilo que em *branding* (processo de gestão de marcas) podemos denominar como a *estima da marca*. Algo atrelado à qualidade percebida pela história construída, pela coerência do passado e pela consistência de perpetuação futura. Quanto mais elevada for a nossa qualidade percebida, mais estaremos evidenciados na preferência de escolha dos outros, e mais estima destes nós teremos.

Ah! Sem contar a força que isso gera no estímulo à comunicação *boca a boca*, hoje também definido como *buzzmarketing*.

Ao conquistarmos reconhecimento e carinho, certamente conquistaremos admiradores e, até mesmo, apoiadores incondicionais. Pessoas que estarão sempre prontas – e dispostas – a fazer recomendação, chancelar indicação ou, simplesmente, falar bem das nossas atitudes, do nosso trabalho e da nossa postura pessoal e profissional.

Sou fã da comunicação *boca a boca*. Não existe modo de divulgação mais consistente e persuasivo do que este. A raiz para isso está no simples fato de que o processo da comunicação *boca a boca* – ou o *buzzmarketing*, como hoje também é conhecido – reflete a opinião dos outros sobre algo, produzindo dessa forma muito mais consistência e credibilidade do que, por exemplo, a autopromoção do *eu falando bem de mim*.

A lógica é simples: o que produz mais impacto ou consistência à mensagem persuasiva? Eu falando bem de mim ou os outros assim procedendo? Não cabem dúvidas: sempre a chancela dos outros dará mais força e credibilidade à mensagem transmitida. No caso da marca pessoal, o processo é similar. Quanto mais gente estiver falando bem sobre você, sobre os seus predicados, seus pontos fortes e seus desempenhos, mais consistência a sua marca terá e mais estimada, reconhecida e acarinhada ela será.

Nisso surge a importância do estabelecimento de *networking* na construção da nossa marca. Hoje, além das redes tradicionais de relacionamentos – amigos, colegas, parentes e clientes –, temos as redes sociais, disseminando opiniões, conceitos ou fatos que, rapidamente, são capazes de fomentar ou destruir uma marca. O cuidado na geração e, principalmente, na administração da convivência da nossa marca pessoal neste novo contexto de conectividade relacional, torna-se fundamental ao fomento de valor e blindagem aos eventuais ataques nocivos à nossa imagem.

Pensando bem, a reputação de uma marca também está muito atrelada ao tripé CTC, como já referimos anteriormente. Reflita comigo e veja se isso também faz sentido para você: a competência do *conhecimento*, o *"C"* do *CTC*, pode ser inserida na reputação como o fato de *possuir a condição de saber criar valor para algo*; a segunda competência, do *T*, o *"T"* de *treinamento*, sintetiza a excelência na habilidade em fazer algo; e a competência complementar do *CTC*, o *"C"* de *comportamento*, nada mais é do que a paixão em querer fazer algo. Você concorda?

Aplicando o CTC na reputação, teríamos:

o conhecimento traduz a capacidade de saber criar valor para algo;

o treinamento sintetiza a excelência em fazer algo;

o comportamento nada mais é do que a paixão em querer fazer algo.

Uma marca pessoal de sucesso, acima de tudo, deve ter estes três elementos muito presentes na mente de quem a percebe: *valor, excelência* e *paixão*.

Logo, uma **marca pessoal de sucesso**, acima de tudo, deve ter estes **três elementos presentes na mente** de quem a percebe:

VALOR
EXCELÊNCIA
PAIXÃO

A síntese da constatação é estabelecida por uma premissa que, pessoalmente, imputo ser definitiva à sublimação da nossa diferenciação pessoal: a sua marca o fará diferenciado quando você for colocado como gerador de excelência numa coisa de valor, executando com muita paixão.

Assim, a sua marca pessoal fará você diferenciar-se quando...
você for gerador de excelência numa coisa de valor, executando com muita paixão.

Ao apresentar um conteúdo, eu gosto muito de finalizar resgatando de forma sintética o que vimos e, sempre que possível, montar uma visão sistêmica que facilite a compreensão do todo e, por consequência, ajude na fixação por você do que foi aqui apresentado.

Assim, montei uma espécie de trilha esquemática com os principais atributos e conceitos presentes na construção da diferenciação pessoal.

VISÃO SISTÊMICA DA CONSTRUÇÃO DA DIFERENCIAÇÃO PESSOAL

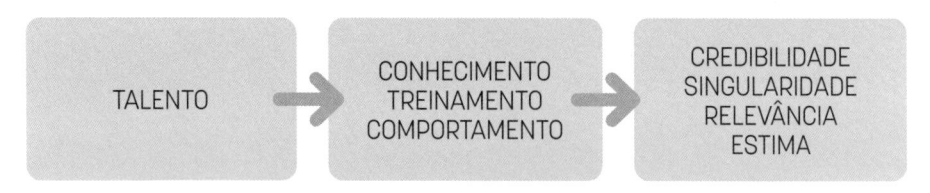

TALENTO → CONHECIMENTO TREINAMENTO COMPORTAMENTO → CREDIBILIDADE SINGULARIDADE RELEVÂNCIA ESTIMA

VISÃO   DISCIPLINA   CONSCIÊNCIA   PAIXÃO

Nessa trilha, a base, relembrando, é o talento. A partir dele fornecemos condições ao seu desenvolvimento, especialmente dotando-o de conhecimento, treinamento e comportamento no sentido de transformá-lo em ponto forte. Uma vez atingida essa condição, buscamos a grandeza pessoal consolidando a percepção de marca pessoal. Nesse sentido, construção da reputação, baseada em credibilidade, singularidade, relevância e estima, é fundamental para a diferenciação pessoal.

E, permeando toda essa trilha, temos os elementos norteadores dessa trajetória, especificamente a visão, a disciplina, a consciência e a paixão.

Eternize essa trilha e faça a sua marca trabalhar para você.

MENSAGEM FINAL

Bem, vamos encaminhando o final deste *mentoring book*. Porém, quero, ainda, deixar uma última mensagem a você.

Certa vez recebi um *e-mail*, daqueles repassados em grupos de *WhatsApp* cuja autoria é incerta e não sabida, quase sempre rotulada pela costumeira denominação de *autor desconhecido*, ou, simplesmente, *anônimo*. Lamento, mas gostaria de saber o nome de quem o escreveu e, assim, dar o merecido crédito às palavras explicitadas.

O conteúdo do *e-mail* é interessante e – tal qual fiz no meu livro *Você é o Cara* – o reproduzo também aqui, na íntegra, entendendo nele conter rico conteúdo à reflexão:

> Na sala de reunião de uma empresa multinacional, o diretor, nervoso, fala para sua equipe de gestores. Agita mãos, mostra gráficos e, olhando nos olhos de cada um, faz uma ameaça:
> – Atenção! Ninguém aqui é insubstituível. Ouviram?
> A frase, interposta em meio ao silêncio ambiental, parece ecoar nas paredes da sala. Os gestores se entreolham e, alguns mais assustados com a veemência externada, baixam a cabeça. Ninguém, no entanto, ousa falar nada.
> De repente, um braço se ergue lentamente, e o diretor se prepara para triturar o atrevido:
> – Alguma pergunta?

– Sim, tenho. E o Beethoven?

– Como? – encara o gestor confuso.

– O senhor disse que ninguém é insubstituível. Até posso concordar, mas se somos substituíveis, não somos repetíveis. Por exemplo: quem substituiu, na íntegra, o Beethoven?

No silêncio de todos, inclusive do gestor, ele continua:

– Quem substituiu Beethoven? Tom Jobim? Ayrton Senna? Ghandi? Frank Sinatra? Garrincha? Santos Dumont? Monteiro Lobato? Elvis Presley? Os Beatles? Jorge Amado? Pelé? Paul Newman? Tiger Woods? Albert Einstein? Picasso? Zico?

Mais silêncio. E ele continua:

– Todos esses talentos marcaram a história fazendo o que gostam e o que sabem fazer bem, ou seja, fizeram seu talento brilhar. E, portanto, são, sim, insubstituíveis.

Cada ser humano tem sua contribuição a dar e seu talento direcionado para alguma coisa.

E segue:

– Tenho escutado executivos de empresas expressarem as suas preocupações em descobrir e reter talentos, mas no fundo continuam agindo com a percepção clara de que os seus profissionais são simples peças dentro da máquina (organização), cuja reposição é tão simples quanto imediata. Está na hora de os líderes das organizações reverem seus conceitos e começarem a pensar em como desenvolver o talento da sua equipe focando no brilho de seus pontos fortes e não utilizando energia em reparar seus erros/deficiências.

Ninguém lembra e nem quer saber se Beethoven era surdo, se Picasso era instável, Caymmi preguiçoso, Kennedy egocêntrico ou Elvis um paranoico.

O que queremos é sentir o prazer produzido pelas sinfonias, obras de arte, discursos memoráveis e melodias inesquecíveis, resultado de seus talentos. Cabe aos líderes de sua organização mudar o olhar sobre a equipe e voltar seus esforços a descobrir os pontos fortes de cada membro. Fazer brilhar o talento de cada um em prol do sucesso de seu projeto. Chega de gerente ainda focado em "melhorar fraquezas" da sua equipe!

Certamente, se técnico de futebol esse fosse, barraria Garrincha por ter pernas tortas; se professor fosse, reprovaria Einstein por notas baixas. E Beethoven, que era surdo? Na sua gestão, o mundo teria perdido todos esses talentos.

Moral da história: cabe aos líderes das organizações modificarem o olhar sobre as suas equipes de trabalho, voltando os seus esforços para a descoberta dos pontos fortes de cada membro, fazendo brilhar o talento individual de cada um em benefício dos resultados coletivos.

E nunca esqueça: no mundo sempre existirão pessoas que vão amá-lo pelo que você é; outras, no entanto, vão odiá-lo pelo mesmo motivo. Acostume-se a isso; com personalidade, com determinação e, sempre que possível, com muita paz de espírito.

Na gênese desse *e-mail*, a mensagem que reforça uma das essências conceituais deste livro: você é um talento único, inimitável e irrepetível. Poderemos, com margem à discussão, sermos até substituíveis, mas jamais repetíveis.

Obviamente, não seremos capazes de fazer tudo, é verdade. A ninguém foi dada a capacidade da onipresença, do tudo saber e tudo fazer. Todavia, teremos capacidade para fazer bem muitas coisas. E isso deve nortear a condução das nossas vidas.

Como fazer pessoas iguais a

Beethoven, Tom Jobim, Ayrton Senna, Frank Sinatra, Garrincha, Pelé, Monteiro Lobato, Beatles, Picasso, ... e tantos Joãos, Josés ou Marias mundo afora?

Todos marcaram a história fazendo aquilo de que gostavam – e sabiam fazer bem –, dando vazão ao brilho dos seus talentos.

E, como eles, cada ser humano tem a sua constribuição para dar, **direcionando o seu talento para alguma coisa de valor.**

Beethoven era surdo,
Picasso era bipolar,
Elvis era paranoico,
Garrincha tinha pernas tortas...

E DAÍ?

Beethoven era parcialmente surdo, Picasso possuía características de bipolaridade, Elvis era meio paranoico, Garrincha tinha pernas tortas ... eu sou gago, e daí?

Trago à luz uma frase do Bob Marley: "Vocês riem de mim por eu ser diferente, eu rio de vocês por serem iguais".

"Vocês riem de mim por eu ser diferente, e eu rio de vocês por serem iguais."
Bob Marley

Ela é quase um mantra na minha vida e um estímulo constante a descobrir e trabalhar permanentemente aspectos e valências que gerem diferenciação pessoal.

Afinal, no contexto competitivo da vida, enquanto os iguais riem, procuro criar versos e melodias capazes de gerar sentimentos, tocando pensamentos e almas das pessoas.

> "Ninguém pode parar o tempo, voltar atrás e refazer um novo começo...
>
> **Mas todos podemos, a partir de agora, começar a fazer um novo fim."**
> Chico Xavier

Ao encerrar este nosso *mentoring book*, adiciono, ainda, uma frase cunhada pelo saudoso Chico Xavier, médium brasileiro: "Ninguém pode parar o tempo, voltar atrás e refazer um novo começo; mas todos nós podemos, a partir de agora, começar a fazer um novo fim".

Ela me serviu de motivação para desencadear importantes mudanças na minha vida, e nela fui buscar também inspiração para estas últimas frases que deixo para sua reflexão:

Acredite em você, nas suas qualidades, nos seus talentos e, sobretudo, na sua vocação. Defina – ou redefina – a sua vida com base nos seus valores, nas suas valências e nos seus sonhos. Aposte tudo nos seus talentos naturais, transformando-os em pontos fortes e diferenciais na sua vida.

Faça dos limões da vida a sua limonada. Descubra o seu *Eu* verdadeiro. Valorize os seus pontos fortes, minimize os seus pontos fracos, seja feliz por fazer aquilo de que você gosta e, especialmente, focando no que você sabe fazer bem.

Siga em frente, mesmo que a estrada da sua realização esteja repleta de obstáculos, por vezes considerados até instransponíveis. Não desanime; simplesmente acredite em você.

Porém, lembre-se sempre que tudo o que buscamos alcançar na vida exigirá muito da nossa força interior, aquilo que nos impulsiona a seguir, mesmo quando tudo parece nos levar a desistir. Chamo essa força de "vontade compulsiva de vencer". E a materialização desse impulso, necessariamente, tem no seu alicerce três elementos de sustentação: o **entusiasmo**, a **resiliência** e a **esperança**.

O entusiasmo é expresso pela paixão, o fervor e a obsessão em fazer acontecer. A resiliência é um combinado sólido entre a persistência e a perseverança, moldando a insistência produtiva com a inteligência estratégica para seguir rumo ao ideal. E a esperança, alimentada pela fé e pelas atitudes, traduz o sentimento de que, sem a expectativa de um amanhã melhor, não temos motivação sequer para tentar.

Então, ao colocar em prática a sua viagem em busca de um sonho ou objetivo, não se esqueça de colocar na mala o entusiasmo, a resiliência e a esperança. Elas serão fundamentais para levar você ao destino da sua realização.

Fecho este livro desejando que o conteúdo aqui expresso possa consolidar, ajudar ou despertar em você o olhar acurado na importância de buscar e cultivar a sua diferenciação. Ela mudará o patamar perceptivo da sua marca, iluminará a evidência do seu valor e o fará referência por toda a vida.

Afinal, a diferenciação é a essência; a valorização, a consequência.
DIFERENCIE-SE!

REFERÊNCIAS

AAEKER, David; JOACHMSTHALER, Erich. **Como Construir Marcas Líderes**. São Paulo: Futura, 2000.

ADLER, Ronald B.; TOWNE, Neil. **Comunicação Interpessoal**. Rio de Janeiro: LTC, 2002.

ARIELY, Dan. **Previsivelmente Irracional**. Rio de Janeiro: Campus, 2008.

BENDER, Arthur. **Personal Branding**. São Paulo: Integrare, 2009.

BENDER, Arthur. **Autenticidade**. São Paulo: Integrare, 2023.

BLASCHKAUER, Dafna. **Power Skills**. São Paulo: Gente, 2022.

BUCKINGHAM, Marcus; CLIFTON, Donald. **Descubra seus Pontos Fortes**. Rio de Janeiro: GMT, 2008.

CARVALHO FILHO, C. A. **Influência de Estímulos Indutores à Comunicação Boca a Boca em Consumidores de Crédito Pessoal**. Dissertação de Mestrado. MAN-PUC-RS, Porto Alegre, 2005.

CARVALHO FILHO, C. A. **A Azeitona da Empada**. São Paulo: Integrare, 2007.

CARVALHO FILHO, C. A. **A Cereja do Bolo**. São Paulo: Integrare, 2009.

CARVALHO FILHO, C. A. **Você é o Cara**. São Paulo: Integrare: 2010.

CHURCHILL, G.; PETER, J. **Marketing: Criando Valor para os Clientes**. São Paulo: Saraiva, 2000.

CIALDINI, R. **O Poder da Persuasão**. Rio de Janeiro: Campus, 2006.

COLLINS, Jim. **Good to Great**. Nova Iorque: Harper Collins, 2001.

COVEY, Stephen R. **O 8.º Hábito** – Da eficácia à grandeza. Rio de Janeiro: Elsevier, 2005.

COVEY, Stephen R. **Os Sete Hábitos das Pessoas Altamente Eficazes**. São Paulo: Best-Seller, 2005.

COVEY, Stephen R. **O Poder da Confiança**. São Paulo: Campus, 2008.

DAMÁSIO, A. **O Desafio de Descartes: Emoção, Razão e o Cérebro Humano**. São Paulo: Cia. das Letras, 1994.

DRUCKER, Peter. **Managing for the Future**. Nova Iorque: Trumam Tally Books, 1992.

DRUCKER, Peter. **Management Challanges for 21st Century**. Nova York: Harper Collins, 1999.

GASALLA, José Maria; NAVARRO, Leila. **Confiança – A Chave para o Sucesso Pessoal e Empresarial**. São Paulo: Integrare, 2007.
GLADWELL, Malcolm. **O Ponto da Virada**. Rio de Janeiro: Sextante, 2009.
GLADWELL, Malcolm. **Blink**. Rio de Janeiro: Sextante, 2008.
GLADWELL, Malcolm. **Outliers**. Rio de Janeiro: Sextante: 2009.
GOLEMAN, Daniel. **Working with Emotional Intelligence**. Nova Iorque: Bantam Books, 1998.
HEATH, Chip; HEATH, Dan. **Ideias que Colam**. Rio de Janeiro: Campus, 2007.
MUSSAK, Eugênio. **Metacompetência**. São Paulo: Gente, 2003.
MUYZENBERG, Laurenz van Den; LAMA, Dalai. **Liderança para um Mundo Melhor**. Rio de Janeiro: Sextante, 2009.
PASSOS, Alfredo; NAJJAR, Eduardo R. **Carreira e Marketing Pessoal**. São Paulo: Negócios, 1999.
PORTER, Michael. **Estratégia Competitiva**. São Paulo: Campus, 2005.
RIES, Al. **Posicionamento – A Batalha pela sua Mente**. São Paulo: Pioneira, 1993.
ROSA, Mário. **Reputação – Na Velocidade do Pensamento**. São Paulo: Geração, 2006.
SUPERTI, Pedro. **Ouse ser Diferente**. São Paulo: Buzz, 2020.
TROUT, Jack. **Diferenciar ou Morrer**. São Paulo: Futura, 2000.

CONHEÇA OUTRAS OBRAS DO AUTOR

Azeitona da Empada,
Editora Integrare (2007).

A Cereja do Bolo,
Editora Integrare (2009).

Você é o Cara,
Editora Integrare (2010).